古文今译·二十六史故事

辽金西夏与元

主　编：张宏儒
副主编：张德信

花山文艺出版社
河北冠林数字出版有限公司
河北·石家庄

图书在版编目（CIP）数据

古文今译·二十六史故事．辽金西夏与元 / 张宏儒主编．—石家庄 ：花山文艺出版社，2017.8（2022.4重印）
ISBN 978-7-5511-3653-2

Ⅰ．①古… Ⅱ．①张… Ⅲ．①中国历史—辽宋金元时代—通俗读物 Ⅳ．①K209

中国版本图书馆CIP数据核字(2017)第200835号

书　　名：古文今译·二十六史故事　辽金西夏与元
Guwen Jinyi Ershiliushi Gushi Liao Jin Xixia Yu Yuan
主　　编：张宏儒
副 主 编：张德信

责任编辑：贺　进
特约编辑：张福堂　杜丽敏
责任校对：李　伟
封面设计：崔　海
美术编辑：胡彤亮
出版发行：花山文艺出版社
河北冠林数字出版有限公司
销售热线：0311-88643176
传　　真：0311-88643234
印　　刷：永清县晔盛亚胶印有限公司
经　　销：新华书店
开　　本：890×1240　1/32
印　　张：2.25
字　　数：46千字
版　　次：2017年8月第1版
2022年4月第2次印刷
书　　号：ISBN 978-7-5511-3653-2
定　　价：18.00元

前言

唐太宗李世民堪称千古一帝，他的论断“以铜为鉴，可正衣冠；以古为鉴，可知兴替；以人为鉴，可明得失”，至今颠扑不破。所以，读史不仅是学人必修，而且早已成风尚，为历朝历代贤达才俊所看重；时至今日，更是普及平民百姓。不了解本国、本民族的历史，茶余饭后无故事，与人交谈无资本，教育子女无底蕴，更无法增强民族自信、文化自信，也难以在生产中传薪播火、创新缔造，难以在生活中得到“诗意与远方”。

自从盘古开天地，三皇五帝到如今，我们中华民族经历了五千多年的历史，在这漫长的岁月里，经历了许许多多的朝代更迭、社会动荡，发生了许许多多的宫廷争斗、民间传奇，记载了英主与忠良如何经天纬地、昏君和奸佞怎样祸国殃民，描述了政治家、思想家、文学家、科学家等怎样以他们的聪明才智，一步步改善着人民群众的生活境地，并推动社会的进步、祖国的强大。为了重现中华文明的辉煌灿烂，为了阅古诫今、汲古益今，我们以历史事件先后为顺序，以朝代更迭为线索，以历代正史为依据，并进行去伪存真、去粗取精，纠正错讹，吸收采用最新最科学的研究成果，积数年之功，编纂出版了这套《古文今译·二十六史故事》丛书，奉献给广大读者。

本丛书以1926年上海锦章书局出版、署名舒屋山人编纂的《精订纲鉴二十六史通俗演义》为底本，特别延请中国社会科学院史学、文学的名家、专家主持历史故事的梳理与考证，有些不实之处亦有增删与纠正；并组织优秀学者作古旧文本的白话翻译，倾力做到信、畅、雅，即忠实正史，出必有凭；叙事晓畅，不艰不涩；行文在浅易中求规范，规范中求文雅，力促读者易读、爱读，尽享阅读的快乐和求知的满足，在快乐满足中把握历史演进，体悟流变真谛。

本套丛书依时间为序，按朝代划分成十册；每册中朝代独立成章，各个朝代中又以重大历史事件、历史人物为题，划分出小节，以求方便读者的多元阅读方式，适应当前生活的快节奏。划分中虽然照顾了篇章多寡，以及每册的页码厚薄，但不同朝代历史存留长短不一，实属难以均衡书册大小之规整。而且，限于底本，民国史也未尽周全，在目待版。特此禀明。

我们正处在一个大变革的新时代，迎接中华民族的伟大复兴不只是一个口号，而是必须要有践行；践行则必须要有丰富的知识作支撑，包括科学的、历史的等诸多领域。可以肯定，这正是这套丛书的编纂、出版初衷。

通读一部中国史，做一个明明白白的中国人；传承中华文明，创新民族文化，需要无数明明白白的中国人。

欲知历代兴亡事，端详尽在此书中。《古文今译·二十六史故事》丛书，期待您的悦读。

张福堂

2017 春三月于闲也斋

目录

辽（907—1125）
金（115—1234）
西夏（1038—1227）

1. 契丹建国

辽国是契丹族建立的王朝。契丹族是我国北方古老的民族之一，早在北魏登国四年（389），古文献上就有关于契丹历史的记载。北魏时，过着渔猎和畜牧生活的契丹八部落各自独立活动，以车马为家，逐水草迁徙，并开始对外掳掠，以马匹、皮毛与北魏交换物品。从南北朝到隋朝，契丹先后受到柔然、突厥等族的控制，但是与中原的汉族封建王朝，一直保持着朝贡往来。隋末唐初，契丹各部逐渐在军事上组成部落联盟，联盟长由大贺氏选充，拥有雄兵四万。唐太宗贞观年间，契丹摆脱了东突厥的控制，开始内附于唐朝。唐朝在契丹住地设置松漠都督府，以大贺氏联盟长为松漠都督，并赐姓李氏。武则天统治期间，曾出兵攻击契丹，契丹遂叛唐而依附于突厥。从此以后，契丹对唐朝叛附无常。唐昭宗天复元年（901），迭剌部贵族耶律阿保机被推选为部落联盟的军事首领夷离堇。他以雄勇之才，用武力击灭七部，东征室韦、女真，西取突厥故地，南掠汉域，一时声威大震。唐哀帝天祐二年（905），唐王朝奄奄一息，阿保机率兵三十万入寇云州，与晋王李克用结为兄弟，相约共讨梁王朱温和卢龙军节度使刘仁恭，但终因无利可图而背盟附梁，晋王恨之入骨。天祐四年（907），遥辇氏痕德堇可汗死后，耶律阿保机被契丹贵族奉为可汗，称天皇帝（太祖）。后梁贞明二年（916），耶律阿保机大会群臣、属部，按照汉王朝的体制，更名亿，自封大圣大明天皇帝，庙号辽太祖，建元神册，立长子耶律倍为皇太子，其妻述律氏称为地皇后。契丹从此建国。

随后，燕节度使刘守光遭到晋王李存勖的侵袭，遣使向契丹国求救，并献上平、营、滦三州之地。契丹派兵援燕，又被晋王兵打败，李存勖进而吞并了燕地，可是，平、营、滦三州仍为契丹占有。起初，刘守光派遣韩延徽出使契丹时，韩氏见到辽太祖不甘下拜，便被罚作牧马。后来，皇后述律氏发现韩延徽聪颖贤达，诵诗属文，无所不能，于是，劝请耶律阿保机优加礼遇。韩延徽帮助契丹人营建衙府，修筑城郭，造立市里，使杂居其地的汉人择偶婚配，垦荒种地，安居乐业。契丹建国伊始，百端待举，而韩延徽对于契丹能够威服诸国做出了贡献。天显元年（926）正月，辽太祖占领了扶余城，逼降了渤海国，在辽东渤海国的土地上建立东丹国，封长子耶律倍为东丹王，号称人皇，命次子耶律德光守西楼，号为元帅。同年七月，辽太祖自忽汗城还军，在扶余病死。

2. 太后断腕

辽太祖病殁后，皇后述律氏想立次子耶律德光为帝，于是

述律皇太后

来至西楼，让其长子耶律倍和次子两人乘马立于大帐前，对诸位酋长说：“这两个儿子都是我所钟爱的，不知应该立哪个为嗣，你们认为谁是契丹皇帝，就用手拉着他的马辔。”话音刚落，酋长们心领神会地争执耶律德光的马辔。述律氏高兴地说：“众望所归，我怎能违抗呢！”便立德光为皇帝，他就是历史上的辽太宗。辽太宗把耶律倍遣还东丹国，尊述律后为皇太后，一切国事全由太后决断。辽太宗为人孝谨，每遇母后生病不食，他也废食服侍，而政事托付给韩延徽全权处理。辽太祖葬在木叶山，太后左右有桀骜不驯的臣下，太后就命令他说：“替我向先帝传话去吧！”送至墓地斩首，这样先后被杀掉上百人。最后又要把平州人赵思温送到木叶山问斩，赵氏坚拒不从。太后说：“你对先帝亲近无间，为何不肯去呢？”赵思温答道：“若论亲近比不上太后，只有太后前行，臣才敢接踵而至。”太后不耐烦地说：“不是我不愿随先帝于地下，只是顾念到嗣君幼弱，国家无主，不忍心撒手尘寰呀！”说完，举刀砍断自己一只手腕，令人放置太祖墓中，赵思温幸免一死。

3.“儿皇帝”

辽太宗天显十一年（936），后唐潞王（废帝）李从珂怀疑河东节度使石敬瑭图谋不轨，调遣石氏镇守天平，石敬瑭抗命不就，潞王便发兵征讨石敬瑭。石敬瑭在太原举兵叛唐自立，危急之下，向契丹求援，认辽太宗耶律德光为父，并许诺事成之后割地称臣。契丹兵南下一举消灭后唐，册封石敬瑭为大晋皇帝，这就是后晋。石敬瑭如约将燕云十六州割与契丹，每年纳帛三十万匹。随后，契丹人以幽州为燕京。会同五年（942），石敬瑭死，其子石重贵（晋出帝）继位，对契丹不奉表不称臣，辽太宗恼羞成怒，率兵南下攻晋。大同元年（947）正月，辽太宗领兵进抵晋都开封。后晋灭亡后，正式改国号为大辽国。辽太宗病死于灭晋的归途中。辽太宗死后，随驾从征的耶律安传等人拥立耶律倍之子耶律阮即皇帝位，他就是辽世宗。自从耶律倍遭到太后与众臣排挤后，逃奔到后唐，后唐明宗李嗣源把庄宗李存勖的夏妃许配他为妻，并赐汉名李赞华，拜为节度使。后来，耶律倍（李赞华）被潞王李从珂杀害。辽世宗即位后，追尊其父耶律倍为辽义宗。

4. 辽国兴衰

应历元年（951），辽世宗在举兵南下攻打后周的路上，被耶律察割谋杀，辽太宗耶律德光之子寿安王耶律璟追杀耶律察割后，即皇帝位，他就是辽穆宗。

穆宗性好打猎饮酒，不恤国事，每夜酣饮通宵达旦，白天则嗜睡不醒，国民称他为“睡王”。有人向穆宗报告周世宗柴荣调兵攻取了三关瀛、莫、易之地，他毫不在意地说：“这里本来就是汉地，如今复归汉人，有什么可惜呢！”穆宗酒醉之后又常以杀人取乐，炮烙、铁梳等奇巧刑具无所不备，在他即位十八年后，近侍小哥、花哥、辛古等人，乘穆宗出猎之机，合谋处死了这个昏君。继辽穆宗之后，辽世宗耶律阮的儿子耶律贤即位，他就是辽景宗。

辽景宗在位时，任命萧守兴为尚书令，纳其女萧燕燕为皇后，由于景宗患有风疾，国政大事全都取决于萧后。乾亨元年（979），宋太宗赵炅（jiǒng）亲征伐北汉，辽遣兵救助北汉，大败而归。宋灭北汉后，乘胜攻打辽南京，试图夺取幽燕失地。辽将耶律休哥、耶律斜轸等分兵夹击，大败宋军，宋太宗落得个乘驴车而逃的下场。乾亨四年九月，辽景宗病亡，其年仅十二岁的儿子耶律隆绪继位，他就是辽圣宗。萧太后专权擅政，宠信韩德让。统和四年（986）六月，宋太宗遣将曹彬、潘美等北上伐辽，萧太后和辽圣宗亲莅南京督战，契丹将耶律休哥大败宋兵。统和二十二年（1004），萧太后和辽圣宗率兵二十万大举入寇宋朝，宋宰相寇准力劝真宗皇帝亲自督师抵抗。宋真宗到达澶州后，宋兵士气振奋，辽军先锋萧挞览被宋兵射杀。寇准再次劝请宋真宗渡河作战，使辽军大惧请和，从此宋辽两国就各守旧界，弭（mǐ）兵休战，边境稍安无事。

统和二十七年（1009），萧太后病死。萧氏机谋善断，每每披挂上阵，英勇督战，深得群臣拥戴。萧后与宠臣韩德让私通，韩德让不久也死，陪葬萧氏陵旁。萧太后死后，辽圣宗哀毁骨立，悲痛欲绝，大臣们请求更改年号，或以日易月，一概不许施行。太平二年（1022），宋真宗赵恒驾崩归天，辽圣宗召集蕃汉大臣、后妃以下诸人举哀致悼，他泣不成声地说："吾兄与我同月出生（澶渊盟约规定辽朝皇帝称北宋皇帝为兄），只是年长两岁，现如今他已离开人世，而我还能存活多久呢！"他还特意设置宋真宗灵位，建立资福道场，隆重祭祀一百天。太平十一年（1131）六月，在位四十九年的辽圣宗病死，弥留之际，他对儿子耶律宗真说："希望你能够信守与宋朝的盟约。"

耶律宗真即位，他就是辽兴宗。辽兴宗在位二十四年期间，国内安定，户口增长；宋朝又将岁币银绢各增十万两（匹），每年总共五十万两（匹）；辽国疆域划分为五京六州，一百五十六个军城，二百零九个县，六十个属国，东至大海，西至流沙，北至胪朐（lú qú）河，南至白沟，幅员达万里。重熙二十四年（1055），辽兴宗死后，由其子耶律洪基继位，他就是辽道宗。辽道宗统治长达四十六年，辽朝由盛转衰。乾统元年（1101），辽道宗死，因太子耶律濬早亡，遂立皇孙耶律延禧继统，他就是辽天祚帝。天祚帝怠于政事，骄奢淫逸，无恶不作。他后来做了金兵的俘虏，断送了契丹先人建立的辽朝。

5. 阿骨打叛辽

天庆四年（1114）九月，辽属国生女真完颜阿骨打举兵叛辽。女真族的先民原属古肃慎氏，是黑水靺鞨（mò hé）的后裔，世居长白山和黑龙江下游，即所谓的白山黑水之地。辽朝灭掉靺鞨人建立的渤海国后，黑水靺鞨改称女真，或叫女直。为了分而治之，辽朝把一部分女真人迁至辽阳以南，编入辽朝户籍，称"熟女真"；没有南迁的女真，不编入辽籍，称"生女真"。生女真散居在山河之间，从事农业和狩猎。完颜部是生女真几十个部落中强大的一支，活动在安出虎水一带。到乌古迺做完颜部

完颜部首领

首领时，开始设立官属，他成为周围各部落联盟长，并接受辽朝加封的节度使称号。其地原不产铁，他们用优厚的价酬从邻国换来甲胄铁器，修造弓箭，制作器械，兵势逐渐强大起来。辽道宗时，乌古迺死，其子劾里钵继任联盟长，由于在军事上实行全民皆兵，号令严明，使部落联盟更加巩固。劾里钵生有十一子，长子乌雅束，次子阿骨打。劾里钵临终前，唤来弟弟盈哥告诉他："乌雅束优柔寡断，若想败辽自立，只有阿骨打力能胜任。"劾里钵病死，其弟颇剌淑继任联盟长。颇剌淑死，其弟盈哥继任。盈哥死，其兄之子乌雅束继任。天庆三年（1113），乌雅束死，其弟阿骨打继任，自称"都勃极烈"。次年六月，辽天祚帝授予阿骨打节度使称号。

辽天祚帝不理朝政，暴虐无道，每年向女真人勒索北珠和海东青（一种能捕捉天鹅的名鹰），使者来到女真，奸淫抢掠，贪残无厌，女真怨苦不堪。天庆四年（1114）九月，阿骨打以辽国容纳女真叛臣阿疏为由，正式举兵抗辽。阿骨打按猛安（千夫长）、谋克（百夫长）编制军队，规定三百户为谋克，十谋克为猛安，出兵前，他传梃（tìng）誓师，勇气百倍。阿骨打领兵攻克江宁州城后，辽天祚帝命都统萧嗣先率军七千征伐女真。阿骨打领兵三千七百人迎敌，乘夜鸣鼓举燧而行，黎明前抢渡鸭子河，两军会战于出河店。此时大风骤起，尘埃蔽天，阿骨打乘风追杀，辽军弃甲而奔，俘获车马甲兵不计其数。从此，辽军士无斗志，不堪一击。女真兵长驱直入，连克宾、祥、咸等州。天庆五年（1115）元旦，阿骨打称皇帝，取汉名旻（mín），建国号金，立年号收国，都会宁府。阿骨打就是历史上的金太祖。

6. 太祖划面

辽派使臣向金请和，金人不许。辽天祚帝穷兵黩武，率领号称百万大军亲征女真。阿骨打带领女真兵攻打辽北重镇黄龙府，当兵临混同江时，无舟渡江，阿骨打让一人作前导，自己乘赭白马过江，对诸军将士说："你们随着我的马鞭指向前进。"女真兵过江时，水仅至马腹，等全军渡过混同江，再让船公测量渡江路线，深无边际。金人攻占黄龙府后，辽军已经到达混同江岸，金太祖听说天祚帝御驾亲征，便在军前用刀划破自己的脸面，大哭说："开始我与大家起兵，是因为不堪忍受契丹人的欺辱，想自立为国。而今天祚帝亲率大军来攻，恐怕寡不敌众，凶多吉少。你们不如杀灭我们一家，向辽军迎降，或许是生路一条。不过，辽军对我女真有切骨之恨，天祚帝骄横无情，纵使你们迎降也难逃厄运。怎么办呢？"全军将士跪拜在金太祖面前，宣誓说："事到如今，一切听从我金主指令！"金太祖激励官兵："只有人人以死相拼，才能死里逃生！"他又说："敌众我寡，不可分兵作战，敌方中军最为坚固，天祚帝必在中军，如果击破中军，就可以大获全胜。"于是，金太祖合兵攻击辽中军，天祚帝惊惶逃遁，辽兵溃不成军，大败而归，横尸遍野，惨不忍睹。辽军失败的消息传来，辽东京及所属州县和被编入辽籍的熟女真，全部降附金朝。金太祖命完颜希尹和叶鲁创制了女真文字（大字），于天辅三年（1119）颁行。

7. 金破辽京

金与宋朝相约攻辽，金军相继攻取辽上京临潢府、中京大定府和西京大同府。天祚帝被迫逃入夹山，此时辽秦晋国王耶律淳和汉人宰相李处温等尚留守燕京。辽皇族耶律大石及李处温、萧干、左企弓等人拥立耶律淳称帝，上尊号为天锡皇帝，史称北辽。北辽由耶律大石掌握军权。耶律大石是辽太祖耶律阿保机的八世孙，兼通辽、汉文字，善于骑射，考取进士后，被授予翰林学士承旨。辽人称翰林为林牙，因而称大石林牙。三个月后，耶律淳病死，萧干等遥立天祚帝次子秦王耶律定为帝，由耶律淳妻萧太后称制行事。李处温密谋叛乱，被萧太后赐杀。金太祖阿骨打率兵千人袭击天祚帝，以其子斡离不为前锋，双方战于石辇驿。天祚帝自以为金军在重重包围中，必胜无疑，于是和妃嫔登高埠观战。斡离不以铁骑冲击天祚帝，天祚帝夺路而逃，辽兵大败。天辅六年（1122）十二月，金太祖阿骨打分兵三路进攻辽燕京，辽以重兵把守居庸关。金兵至关时，崖石自崩，辽兵多被轧死，其余辽兵不战而溃。金兵乘胜南下，一举攻克燕京，辽将相奉表投降。耶律大石被金兵俘获，萧太后和萧干在城破前逃奔天德。至此辽国五京全被金国占领。辽天祚帝奔居四部族，萧太后来见被斩，追废耶律淳为庶人。金将斡离不、银术可、娄室等分道追击天祚帝，辽天祚帝奔至应州避难，其子秦王耶律定、纪王耶律宁，以及妃嫔从臣，全都被金兵活捉。天祚帝西奔云中，西夏遣人请其前往，行至应州东，被金将娄室擒获，金降封为海滨王，辽朝从此灭亡。辽朝自辽太祖耶律阿保机建立契丹国（916）至天祚帝被金军俘获（1125），共传九帝：辽太祖耶律阿保机、辽太宗耶律德光、辽世宗耶律阮、辽穆宗耶律憬，辽璟宗耶律贤、辽圣宗耶律隆绪、辽兴宗耶律宗真、辽道宗耶律洪基、天祚帝耶律延禧，历时二百一十年。

8. 西辽德宗

在天柞帝被金兵捕获之前，耶律大石从金营领兵逃脱，在夹山见到天祚帝。天祚帝斥责大石擅立耶律淳为帝，耶律大石心不自安，便率骑兵二百乘夜逃向北庭都护府，自立为王。耶律大石领兵至镇州，召集七州十八部落，以复兴大辽为号召，征得精兵万余人，设置官吏，预备器械，重新组成统治机构。延庆七年（1130），耶律大石在回纥王毕勒哥的迎送下，西行万里，数国归降。至寻思干，西域诸国举兵十万拒战，耶律大石分三军进击，大败西域兵，僵尸横陈数十里。耶律大石在寻思千驻留九十天，回回国王纳贡来降。又西行至起儿漫，文武百官册立耶律大石为帝，号天祐皇帝，又号古儿汗，改元延庆，仍用辽国号，史称西辽，又称哈喇契丹（黑契丹）。耶律大石就是西辽德宗。

耶律大石率部东还，行走二十余日，在楚河南岸八剌沙衮建造都城，号为虎思斡耳朵，改延庆年号为康国元年（1134）。耶律大石建都后，曾出兵东征喀什噶尔，进至和阗（tián）；向西征服撒马尔罕和花剌子模。康国十年，耶律大石病死，因其子夷列年幼，遗命皇后塔不烟主权国事，号感天皇后。塔不烟称制七年后，还政于耶律夷列，在位十三年而死，庙号仁宗。西辽仁宗死后，子幼不立，由其妹普速完代为摄政，号承天皇太后。普速完与其夫萧朵鲁不之弟朴古只沙里私通，让萧朵鲁不为东平王，借机谋杀。萧朵鲁不之父萧斡里剌为西辽元帅，领兵包围皇宫，射杀普速完和朴古只沙里，并迎立耶律夷列次子耶律直鲁古为帝，改元天禧。西辽天禧三十四年（1211）秋天，耶律直鲁古出猎时，被乃蛮国王屈出律的八千伏兵逮捕，屈出律篡权自立，奉耶律直鲁古为太上皇，两年后死。南宋宁宗嘉定十一年（1218），屈出律被蒙古军灭国斩首。西辽自德宗延庆元年（1124）至末帝直鲁古天禧三十四年（1211），共传三帝二后：西辽德宗耶律大石、感天皇后塔不烟、仁宗耶律夷列、承天皇太后普速完、末帝耶律直鲁古，历时八十八年。

9. 金廷嬗迭

再说金朝。金太祖率军攻破辽燕京后，病死在北返途中。其弟完颜吴乞买继位，更汉名晟（shèng），改天辅年号为天会元年（1123），他就是金太宗。辽朝灭亡后，金太宗遣将斡离不、粘罕入寇北宋，攻破宋都，掳走二帝，宋朝天下丧失半数；又遣太祖第四子兀术，及粘罕、娄室、斡离不等多次南下攻打南宋，册封伪齐皇帝刘豫为傀儡，如此等等，兹不赘述。天会十三年正月，金太宗病死，由太祖阿骨打嫡长孙完颜合剌即皇帝位，更汉名亶（dǎn），即是金熙宗。金熙宗自幼勤勉好学，喜雅歌儒服，厌兵事。他即位后，派兵袭执刘豫，废除属邦齐国；与南宋通好，议定以淮水为分界，宋向金纳币称臣；采取汉族官制，实行科举考试，颁布女真小字；提倡儒家学说，在上京会宁府修筑孔庙，特封孔子支派四十九代孙孔璠为衍圣公，元朝因循其旧。其实，孔子嫡源已经从宋南渡居于浙江。

金熙宗在位十四年。金熙宗晚年嗜酒如命，并一再杀逐大臣，朝政日趋混乱。金太祖之孙平章政事完颜亮（金太祖第三子辽王完颜宗干之子）与皇后裴满氏阴结死党，密谋篡夺王位。因忌恨金熙宗之弟胙王完颜常胜等人，将其陷害致死。金熙宗与裴满氏积怨既深，遂杀裴满氏，而召弟妇胙王之妻撒卯入宫为继后。

10. 完颜亮篡位

在金熙帝寝殿当差的大兴国，因曾遭杖责而心存怨恨，完颜亮勾结大兴国为内应，皇统八年（1148）十二月某夜，二鼓时分，大兴国偷偷地把金熙宗常置榻上的佩刀投到卧榻下，再开启殿门，等候殿外的完颜亮与左丞相完颜秉德、驸马唐括辨等潜入寝殿，金熙宗求刀不得，被完颜亮刺杀毙命。完颜亮本名迪克乃，篡位后，改年号为天德，他就是金海陵王（一名废帝）。完颜亮上台不久，即大肆杀戮宗室官员，先后诛杀曹国王完颜宗敏、左丞相完颜宗贤、太傅领三省事完颜宗本、判大宗正府事完颜宗美、东京留守完颜宗懿、北京留守完颜卞，以及太祖子孙七十余人，粘罕（完颜宗翰）子孙三十余人，又杀完颜秉德、唐括辨等合谋者。同时，任命其弟完颜兖领三省事，起用渤海、契丹和汉人执掌尚书省，以巩固其统治根基。天德三年（1151），完颜亮诏令扩建燕京城，改筑宫室，依照宋都开封皇宫的规模，所有宫殿以黄金为底色，再配以五彩。兴修时，金屑飞空，如落雪一般。成而复毁，毁而重建，修筑一座宫殿要耗费亿万之钜，极尽铺张华丽之能事。贞元元年（1153），正式迁都燕京，改燕京为中都，并将原居上京会宁府的诸宗室亲族和女真猛安谋克人户迁至中都，以防叛乱。

完颜亮杀害皇叔曹国王完颜宗敏，纳其妻阿嬾，封为昭妃。又纳宗室妇女四人入宫。金海陵王完颜亮与崇义节度使乌带之妻定哥旧有私通，完颜亮篡帝位后，指使定哥杀乌带，并以皇后相许。定哥不忍心加害丈夫，完颜亮便威迫她说："若不杀乌带，我就除掉你们一家！"定哥杀夫后被封为贵妃。迁都燕京后，完颜亮亲自选择良家美女一百三十人充实后宫，供他淫乐。寿宁县主什古（完颜宗望女），静乐县主布拉及锡纳（完颜宗弼女）、师姑儿（完颜宗隽女）等人本来是完颜亮的从姊妹，也被分属诸妃位下，出入皇宫，恣意淫乱。甚至在他与妇人交媾时，必须撤去帏帐，由教坊乐工伴奏，宫女裸体嬉戏，妃嫔列坐睇观。完颜亮听说江南多美女玉帛，南宋刘贵妃姣艳动人，于是想举兵灭宋。嫡母太后徒单氏劝谏他不要南侵，完颜亮十分恼火。正隆六年（1161）六月，完颜亮迁都南京开封府，徒单太后居住宁德宫。完颜亮因为与太后侍婢高福娘私通，引起太后不悦，完颜亮便派点检大怀忠等人到宁德宫勒死了徒单太后，并焚尸弃骨，又杀太后侍婢及弟侄十余人，而加封高福娘为郧（yún）国夫人。同时，留居金国的宋、辽宗室人等，也被杀戮殆尽。

正隆六年（1161）九月，完颜亮命令六十万（号称百万）大军出征南宋，分兵五路，水陆并进，枢密使完颜昂、尚书左丞纥石烈良弼分任左、右领军大都督，工部尚书苏保衡统领水师由海道向南宋都城临安进发，刘萼为汉南道行营兵马都统制自蔡州发兵，徒单合喜为西蜀道行营兵马都统制自凤州入川，完颜亮自任中军统帅，带着妃嫔南渡淮河。当完颜亮领兵攻入和州时，因为梁山泺干涸少水，先前所造的大船无法前进，于是派左领军副大都督李通更造小船，并拆城中民房为材木，煮死人膏代油。完颜亮暴虐无道，人心离散，将士纷纷逃亡北还，甚至有人公然高喊："我们现在要回东京立新天子啦！"

十一月八日，完颜亮身披金甲督兵过江，结果在采石一地被宋将虞允文所率的宋军打得落花流水，仓皇退守和州。这时，忽得北方急报，随从完颜亮南下的女真猛安完颜福寿率万余兵士返回辽阳后，杀死东京副留守高存禄，拥立金太祖之孙、东京留守完颜乌禄即皇帝位，更名雍，年号大定，史称金世宗。并下诏列举完颜亮数十条罪状，遣兵切断其退路，而宣谕各路将士北归安业。完颜亮闻讯，不禁拊髀生叹："我本想攻灭南宋后，改元大

朝堂议事

定，这难道不是天命吗！”于是，他召集诸将帅共商罢兵北还事宜。李通献计说：“陛下亲征，无功而还，恐怕将士解散，敌兵蹑后袭击。如今之计，不如再次发兵渡江，然后焚舟绝其归路，这样，陛下就可以安然北还了。”完颜亮认为是万全之策，遂移师扬州，限令诸将三日从瓜州渡江，否则格杀勿论。

将士们无不惶恐，浙西都统制耶律元宜和猛安唐括乌野商计，进退无路，不如杀死完颜亮北归向新皇帝金世宗请功。第二天黎明，耶律元宜等人闯入完颜亮的御营，完颜亮听到帐外兵戈铁甲声响，误以为宋兵劫寨，急忙揽衣而起，拾取射入帐中的流矢一看，愕然大叫：“这是我们金兵！”正要取弓自卫，已中箭倒地。诸将士拥进大帐，把他活活勒死，拖出营帐举火焚尸。随后，将从征的妃嫔和李通、郭安国等人全部处死，耶律元宜又派人把居守南京的太子完颜光英斩除。同时，退军三十里，遣人渡江与宋议和，并代请向金世宗赦罪。金世宗得知完颜亮已死，即从东京辽阳府进据中都燕京，下令尽撤南征之师，遣使与宋议和。大定二年（1162），已经作鬼的完颜亮被降封为海陵郡王，谥号炀（yáng）。大定二十年，又降封为海陵庶人，史称海陵王。

11. 金朝衰败

金世宗完颜雍为人宽厚仁孝，崇尚节俭，倡行儒学，究心治平。于大定四年与南宋重订和议，双方各守旧疆，宋对金不再称臣，改称侄皇帝。此后几十年，南北讲和，与民休息，群臣守职，上下相安，财政充足，仓廪有余，盗贼匿迹，几致刑措，史称金世宗为“小尧舜”。金世宗在位二十九年病死，因太子完颜允恭早亡，由皇太孙完颜璟即帝位，他就是金章宗。李妃专擅国政，宗亲矛盾激化，南北战乱频仍，国势逐渐衰弱。金章宗在位十九年病死，李妃等拥立柔软无能的金世宗第七子卫绍王永济即位，史称后废帝。这时，北方兴起的蒙古族连年发兵侵扰金西北边地，虽多次请求罢兵，蒙古兵仍继续南侵。金将独吉千家奴率兵在灰河与蒙古军相遇，结果战败退师，大同府失守。蒙古成吉思汗领兵追杀，先后在野狐岭、会河堡大败金军，乘胜掳掠辽阳府，进军居庸关，围攻金中都。驻守中都城北的右副元帅胡沙虎屡战屡败，于贞祐元年（1213）八月领兵入宫逼杀卫绍王永济，迎立金世宗孙、完颜允恭庶长子完颜珣即帝位，他就是金宣宗。

蒙古兵逼近中都，京师戒严。右监军术虎高琪在城北狙击蒙古兵，大败而归。胡沙虎气急败坏，要把术虎高琪斩首示众。术虎高琪先发制人，领兵将胡沙虎围杀于家中。金宣宗赦免术虎高琪之罪，仍授左副元帅抵御敌兵。蒙古兵分三路攻掠黄河以北的山东、河东、河北路州县，直抵登州、莱州海滨。贞祐二年春，蒙古兵带着席卷来的大批金帛、子女、牛马羊畜返回居庸关一带，围攻中都。金宣宗献纳人口财物求和，并将卫绍王完颜允济之女岐国公主嫁与成吉思汗。蒙古军这才退出居庸关，罢兵北还。金宣宗恐怕蒙古军再来扰乱，于是迁都南京开封府。

宣宗南迁后，成吉思汗借口既和而迁，是对蒙古心存狐疑，于是派木华黎领兵南下，攻占中都、辽西州郡。金宣宗遣兵解救中都，兵至霸州被蒙古军击败。蒙古军攻取中都后，吏民死伤惨重，宫室付之一炬，大火月余不熄。金宣宗没来得及迁移走的珠宝珍玩和妃嫔宫女等被洗劫一空。留守中都的都元帅完颜承晖服毒自杀。

12. 蒙宋灭金

兴定元年（1217），成吉思汗封木华黎为太师、国王，委托他统率蒙古军专攻金朝。数年间，木华黎率兵攻取了金辽东、辽西、山东、河北、河东、陕西等地。元光元年（1222），木华黎领兵攻打凤翔府受挫。次年春，木华黎退兵至解州病死。同年十二月，金宣宗完颜珣寿终正寝，太子完颜守绪即帝位，史称金哀宗。金哀宗停止侵宋战争，集中兵力保守河南、潼关一线。自洛阳至邳（pī）州，东西设置四个行省，驻守二十万精兵。正大五年（1228），蒙古军自泾州入寇大昌原，金平章政事完颜合达命忠孝军提控完颜陈和尚为前锋，率四百骑大败蒙古军八千人，士气百倍。这是金蒙战争以来金军首次告捷，因而完颜陈和尚名震金国，以功升定远大将军、平凉府判官，世袭谋克。

正大六年（1229），蒙古窝阔台即汗位，继续出兵侵金。正大八年（1231）四月，蒙古军攻克凤翔府。九月，蒙古军分兵三路，窝阔台亲率中军攻河中府，转攻河南府；斡陈那颜率左军进击济南府；拖雷（成吉思汗末子）率右军自凤翔府至饶风关，由金州而东直趋金都。窝阔台攻破河中府，拖雷进军邓州。金哀宗诏命枢密副使完颜合达与副使移剌蒲阿自潼关移驻邓州。拖雷兵至禹山，完颜合达所部武仙一军殊死力战，蒙古兵退走。第二天，忽然不见蒙古兵行踪，派骑兵巡探才知道蒙古兵潜入光化北岸枣林中，昼食夜宿在马上四天，林外竟不闻音响。金兵原想蒙古兵已退，全部解散，等到蒙古兵突然袭来，金兵不战自溃。天兴元年（1232）正月，完颜合达与移剌蒲阿率步骑十五万开赴南京，进至钧州三峰山，天遇大雪，拖雷率蒙古兵全线进击，金军全军覆没。完颜合达领数百骑败入钧州，蒙古军进破钧州后，斩杀完颜合达。

这时，随从完颜合达退走钧州的完颜陈和尚自避隐处走出来，自称是金国大将，有事要面见蒙古将帅。蒙古兵把他押到拖雷帐前，问其姓名，完颜陈和尚从容自若地答道："我是金国忠孝军总领完颜陈和尚，在大昌原、卫州、倒回谷口挫败蒙古兵的就是我陈和尚。我与其死于乱军之中，不如今日明明白白死去！"拖雷劝他投降，陈和尚厉声拒绝，于是不屈而死。有些蒙古义士用马乳汁酹（lèi）地，虔诚地祈祷说："这样的好男儿，但愿来生来世我能得到他！"

三峰山一役，金国精锐军全部被消灭，蒙古兵乘胜进围南京开封府。南京军民拼力死守，双方激战十六昼夜，城门幸未攻破。金哀宗献出大量金帛珍宝，并派皇侄曹王完颜讹可作人质请和。窝阔台接受了求和条件，蒙古军暂且撤退。不料，刚刚休战两月，蒙古军以三十几个蒙古使臣被金国飞虎军士杀害为借口，再次挑起战事。金哀宗以南京弹尽粮绝，孤立无援而逃往归德府。出逃前，金哀宗入宫与太后、皇后和诸妃道别，不禁失声恸哭。待到逃至归德后，金哀宗遣人回南京迎接后妃，却被愤怨气极的守军截留还宫。蒙古元帅速不台率军逼攻南京，内外交通断绝，米价涨至二两银子一升，死者枕藉，人自相食。留守南京的西面元帅崔立见民势汹汹，人怀危惧，趁机杀死左右二相，勒兵入宫劫持金太后、皇后、诸王、妃嫔和宗室男女五百余人，乘车三十七辆，出城向蒙古速不台投降。速不台杀掉梁王完颜从恪和荆王完颜守纯，以及其他族属，余下的后妃被送往蒙都和林。一路上的艰辛苦楚不可名状，比较当年金将粘罕押解宋徽宗、宋钦宗及其后妃北归时，有过之而无不及。速不台率军进入南京城时，崔立尚在城外，蒙古兵首先闯进他家，将其妻妾宝玉掳掠而去。当这位曾经淫暴一时的崔立赶来，家徒四壁，抱头痛哭。后来，崔立被都尉李伯渊刺杀，枭（xiāo）首示众。

金哀宗天兴二年（1233）六月，金哀宗听说蔡州城坚池深，兵众粮多，遂率群臣自归德府奔向蔡州。此时，阴雨连绵，随从的朝臣军士赤足行走在泥水中，只有掇取青枣代粮充饥，足胫无不浮肿。行至亳州，扈从者仅剩二三百人，马五十匹。在亳南双沟寺避雨时，但见篙艾满目，荒无烟火，金哀宗悲从中来，不禁有生灵涂炭之叹。逃入蔡州后，金哀宗任命完颜忽斜虎为尚书右丞，总领省院事。完颜忽斜虎文武双全，上任后，经过选括士马，缮治兵甲，使军威稍复振作。八月间，蒙古都元帅塔察儿派遣王檝（jí）出使南宋，约宋夹攻金国，并以灭金后将河南之地归还宋廷相许。南宋欣然同意，并派军队护送王楫还营。在襄阳的宋京湖制置使史嵩之便如约移师于金息州南，驻守息州的金兵纷纷向宋军投诚。息州刺史请求金哀宗派兵增援，金哀宗就以参知政事抹撚兀典率五百忠孝军开赴息州。临行前，金哀宗召见抹撚兀典说："蒙古军兵强马壮，智勇兼备，我实在难以抵御。至于宋人，则不足挂齿。我若有三千甲士，就足以横扫江淮之间。"不久，金哀宗又派完颜阿虎带向宋国借粮，并告诉他说："宋廷欺人太甚，辜负了我大金国的深情厚谊。现在乘我疲敝危难，攻掠寿州、邓州和唐州等地，他们的见识太短浅了。蒙古灭国四十后，又消灭了西夏国，如今举兵攻金，等我国灭亡后，必然要攻灭南宋。唇亡齿寒，自然之理，若宋人愿意同我们合作，既帮助了我国，又可以保障他们自己的安全。请你将此意转告给宋廷。"完颜阿虎带到了南宋，宋理宗不予理睬。

蒙古军围住蔡州，每日在城下耀武扬威，战旗遮天蔽日，城中士民不寒而栗。宋将史嵩之助桀为虐，命令孟珙、江海率师二万、运米三十万石来帮助蒙古军攻打蔡州。塔察儿得宋援助，十分高兴，酌来马乳汁犒赏孟珙，并结拜为异族兄弟。蒙古军加紧修筑工事，斫木之声传入蔡州城，城中军民更为惊恐。尚书右丞完颜忽斜虎每天用国家恩泽、君臣大义来安抚百姓。十二月，宋师配合蒙古军向蔡州城发起攻势，蔡州民丁全力以赴防守，民丁不足，又挑选壮年妇女身着男子衣服运石守城。孟珙率宋兵逼近柴潭楼，潭外是汝水河，潭高出河床五六丈，相传潭底有龙，人不敢接近，而且城楼伏设巨弩，宋兵畏惧不前。孟珙召集部属饮酒壮行，酒过两巡，他对将士们说：“柴潭楼并非天设地造，深不可测，况且伏弩只能远射，而不能射到近处，金人所倚仗的不过是柴潭水，若决潭出水，其涸立等可待。”于是，孟珙下令凿开潭堤，潭水顺势注入汝水，将干涸见底的柴潭塞进苇草。这时蒙古军也扒开练江大堤，顺利过河，两军鱼贯而上，一举攻破蔡州外城。蒙古军及宋师又乘胜进逼土门，攻下西城。完颜忽斜虎赶忙选调三面精锐兵士，于城上立栅自蔽，勉强遏止了进犯敌兵。大敌当前，金哀宗一筹莫展，他无奈地对侍臣说：“我做金紫光禄大夫十年，太子十年，皇帝十年，自知无大过恶，死无遗恨。只是祖宗开创的百年帝业，至我终绝，使我与自古荒淫暴乱的亡国君并列，实在于心不安呢！”

自从天兴二年九月至次年正月元旦，蔡州受围三个月，城外四野相望的是蒙古军及宋师的饮宴欢歌，而城内早已断炊绝粮，马鞍、破鼓煮食之后，继以人肉充饥。一天，孟珙见有一团黑气压在蔡州城头，日色昏黄无光，便下令诸军将士衔枚以禁喧闹，悄悄运送云梯以备攻城。当夜，金哀宗召集百官，宣诏传位于东面元帅完颜承麟。完颜承麟拜泣不敢受诏。金哀宗动情地说：“我之所以传位于你，是不得已而为之。我肌体肥重，难以鞍马突围，而你平日矫捷有谋，万一幸免得脱，我金国后嗣不绝，这是我梦寐以求的夙愿。”次日，完颜承麟正式受玺即位。百官称贺礼一结束，便亟出御敌。可惜孟珙军率先攻克南门，敌兵蜂拥竞进，南城楼已经树起宋军旗帜。金哀宗完颜守绪在幽兰轩自缢而死。完颜忽斜虎惊闻哀宗死讯，对将士们说："我赴汝水从君去了！"遂投汝水自尽。随后，参政孛鲁小娄室、兀林答胡士、总帅王志、元帅王山儿、纥石烈柏寿、乌古论桓端及军士五百余人，全部投水从死。完颜承麟率兵退保子城，听说金哀宗自杀，领群臣哭祭亡灵。哭奠未毕，蔡州全城已陷入敌手，仅即位一日的完颜承麟被乱兵杀害。金朝至此灭亡。金国自太祖完颜阿骨打称帝（1115）至末帝完颜承麟被杀（1234），共传十代皇帝：金太祖完颜阿骨打（旻）、金太宗完颜吴乞买（晟）、金熙宗完颜亶、金海陵王完颜亮、金世宗完颜雍、金章宗完颜璟、金卫绍王完颜允济、金宣宗完颜珣、金哀宗完颜守绪、金末帝完颜承麟，历时一百二十年。

13. 西夏建国

夏朝建国早于金朝，而被蒙古汗国所攻灭也在金朝之前。夏朝史称西夏，是以西北地区党项族为主体民族建立的国家，党项是羌族的一支，拓跋氏是其势力最强的一个族姓。唐贞观八年（634），党项首领拓跋赤辞归隆唐朝，赐姓李。唐在其地设置懿、嵯、麟、可等三十二羁縻州，拓跋赤辞为西戎州都督。随后，迁居夏州一带的党项部落称平夏部。唐僖宗时，平夏部拓跋思恭因纠合部众会同唐鄜延节度使李孝昌等人镇压黄巢起义有功，诏升任夏州定难军节度使，统领夏、绥、银、宥（yòu）四州地，再赐姓李，并进爵夏国公。从此夏州拓跋氏改为李氏。乾宁二年（895），李思恭死，弟李思谏继位。李思谏死后，由李思恭孙李彝昌继位。后梁开平四年（910），李彝昌为部将高宗益杀害，其族父李仁福继任定难军节度使，臣附于后梁、后唐，受封为朔方王。后唐长兴四年（933），李仁福死，子李彝超继为留后。李彝超死后，兄李彝殷执政夏州。建隆元年（960），宋朝建立后，宋太祖赵匡胤加封李彝殷为太尉。李彝殷死，宋赠太师，追封夏王，子李克睿继位。李克睿死，子李继筠继位。李继筠死，弟李继捧继位。

李继捧为了摆脱族属内部的矛盾，于太平兴国七年（982）率领族人入朝，以四州八县进献。宋太宗赐予千两白金、千匹帛和一百万钱，并遣使将李继捧缌麻（五服中最轻的一种，人死服丧三个月）以上的亲属护送入京，李继捧便留居宋都开封。李继捧族弟李继迁因反对降附宋朝，率领部分族属出奔夏州东北三百里的地斤泽，不断侵扰宋边。雍熙二年，李继迁袭据银州，自称定难军留后，向辽朝称臣请婚。辽圣宗以女儿许配为妻，并册封为夏国王。宋太宗因屡次对李继迁用兵无效，再次任命李继捧为定难军节度使，赐姓名赵保忠，派他回镇夏州。赵保忠与李继迁在安庆泽展开战斗，李继迁身中流矢逃遁。李继迁向宋朝奉表谢罪，宋廷诏命为银州观察使，赐姓名赵保吉。李继捧叛降辽国，被封为平思王。不久，李继迁又叛宋，在浦洛河劫击宋运往灵州的四十万军需粮草。宋太宗大怒，亲命部将五路出兵征讨李继迁，先期相约会师平夏。可是出师不利，诸将失期，无功而还。宋真宗时，李继迁相继攻陷宋清远军、灵州，改灵州为西平府。随后，李继迁率众越过黄河攻占西凉府，杀死知府丁惟清。

吐蕃族大首领潘罗支伪装投降，骗取了李继迁的信任，乘其不备，集合吐蕃各部众突袭李继迁军营，李继迁受箭重创，奔还灵州。李继迁自觉孤危无依，临终前再三嘱咐其子，一定要奉表谢罪归附于宋朝。李继迁死后，子李德明继立。李德明向辽请求册封，又多次向宋朝纳贡奉表乞和。景德三年（1006），宋真宗以李德明为定难军节度使，加封西平王，并赐银一万两、绢一万匹，钱三万贯、茶二万斤。不久，辽朝也册封李德明为夏国王。李德明在本国自称皇帝，而对宋、辽则奉表称臣。李德明再度攻克西凉，杀死潘罗支，进破甘州、瓜州等地，控制了河西走廊。李德明还在灵州怀远镇筑造城池，更名兴府。

14. 三国鼎立

宋仁宗明远元年（1032）十月，李德明死，由长子李元昊嗣位。李元昊五月五日出生，圆脸高鼻，性格刚毅，雄才大略，工巧擅画。每次出兵，李元昊令将士各陈已见，择善而从。李元昊即位后，改姓嵬（wéi），名氏，发布秃发令，颁行新制西夏字，积极整饬军政。经过数年攻掠，占据了夏、银、绥、宥、静、灵、盐、会、胜、甘、凉、瓜、沙、肃诸州，升兴州为兴庆府，扩建宫城，准备建国称帝。宋景祐元年（1034），李元昊始建年号开运，又改为广运。天授礼法延祚元年（1038），李元昊正式称帝，更名曩霄，国号大夏，他就是西夏景宗。宋廷得知后，削去元昊赐姓官爵，断绝贸易往来，并颁令悬赏，杀李元昊者即授予定难军节度使。李元昊率夏兵连破金明、安远、塞门、永平诸砦，乘胜进围延州城，大败宋师。自后夏兵屡次入寇宋境，多次击溃宋军，以致宋廷宵衣旰食，惶惶不安。多亏韩琦、范仲淹等人捍御有方，狄青等宋将勇猛善战，使李元昊不能深入宋腹地。李元昊麾下有野利、天都二将，骁勇无前，屡建殊勋。宋人种世衡利用反间计，让王嵩写信给野利，函称你既然有志归降宋朝，请及早见机行事。故意把信送至李元昊，李元昊见信，因疑而杀野利。于是，王嵩又将一篇祭文书写在木版上，为野利与天都同归宋朝而不获成功表示悲痛哀悼。正在宋、夏边境设祭时，木板被夏兵抢去献给了李元昊，李元昊又杀害天都。从此，元昊的兵势稍弱，于天授礼法延祚七年（1044）与宋达成和议，规定元昊以夏国主名义称臣，宋每年送给夏国银、绢、茶等二十五万五千匹（斤），并准许夏国自置官属。同年，辽兴宗亲率三路大军渡河攻夏，夏人坚壁清野，乘势纵击，辽军溃败。李元昊在重创辽师后，与辽议和。因而形成北宋、辽、夏三足鼎立的局面。

15. 蒙人灭夏

夏朝自李元昊至乾顺，历代叛服无常，恕不一一详述。李元昊初娶野利氏为妻，生子宁令哥，被立为太子。后来李元昊为宁令哥娶没移氏，已经完婚，见没移氏姿色绝伦，便自纳为妃。宁令哥无比愤恨，用刀砍杀父皇，却只削去了李元昊的鼻子。宁令哥藏身于国舅没藏讹庞家中，讹庞乘机杀害了宁令哥及其母后野利氏。天授礼法延祚十一年，在位十七年的李元昊因鼻伤死去，时年四十六岁。没藏讹庞与大将诺移赏都等拥立年幼的李谅祚为帝，生母没藏氏为太后，与其兄没藏讹庞及三大将共揽朝政。李谅祚在位十六年死，庙号毅宗，年仅七岁的长子李秉常继位。李秉常在位十九年死，庙号惠宗，由三岁幼子李乾顺继位。李乾顺在位五十四年死，庙号崇宗，长子李仁孝继位。李仁孝之母曹氏本是汉人，李仁孝十分重视儒学教育，曾下令各州建立学校，尊孔子为文宣皇帝，并设科取士，始立唱名法。李仁孝在位五十五年死，庙号仁宗，子李纯祐继位。李纯祐在位十四年，镇夷郡王李安全（李乾顺之孙）废黜李纯祐，自立为帝。不久，李纯祐死，庙号桓宗。李安全在位时，蒙古军三次侵夏，李安全纳女请降。

夏国向蒙古称臣后，与金国迭起战事。李安全在位六年死，庙号襄宗，宗室齐王李遵顼继位。夏、金战争约十年，两败俱伤，精锐殆尽，于是两国修好停战，夏对金称弟而不称臣，各用本国年号。蒙古军再次攻夏，李遵顼逃往西京西平府，留太子李德任防守都城。蒙古军撤退后，李遵顼派李德任出兵攻金，太子拒不受命。李遵顼在位十三年，传位于次子李德旺，自称太上皇。

四年后，太上皇李遵顼死，庙号神宗。乾定四年（1226），蒙古成吉思汗亲率大军攻夏。蒙古兵分东西两路，七月间，两军会合，攻陷西凉府。李德旺在位四年，忧虑恐惧而死，庙号献宗，其侄南平王李晛（xiàn）继位。十一月，蒙古军攻取灵州，进围中兴府。蒙古军围困中兴府半年，城中粮尽援绝，李晛被迫遣使乞降。李晛在赴降途中，被蒙古军擒杀。西夏朝从此不复存在。西夏朝自宋仁宗宝元元年（1038）李元昊称帝至宋理宗宝庆三年（1227）末帝李睍被杀，共传十帝：西夏景宗李元昊（曾改姓嵬名氏，更名曩霄）、西夏毅宗李谅祚、西夏惠宗李秉常、西夏崇宗李乾顺、西夏仁宗李仁孝、西夏桓宗李纯祐、西夏襄宗李安全、西夏神宗李遵顼、西夏献宗李德旺、西夏末帝李睍，历时一百九十年。

（以上系原书第三十二回）

辽世系表

（907—1125）

（1）太祖耶律阿保机
（907—926）

义宗耶律倍 —— （3）世宗耶律阮
（947—951）

（2）太宗耶律德光 —— （4）穆宗耶律璟
（927—947）（951—969）

（5）景宗耶律贤 —— （6）圣宗耶律隆绪
（969—982）（982—1031）

（7）兴宗耶律宗真
（1031—1055）

□ ——［北辽］（1）宣宗耶律淳
（2）萧德妃

（8）道宗耶律洪基 —— 顺宗耶律浚
（1055—1101）

（9）天祚帝耶律延禧
（1101—1125）

［北辽］梁王耶律雅里

西辽世系表

（1124—1211）

（1）德宗耶律大石（阿保机八世孙）——（3）仁宗耶律夷列

（2）感天后塔不烟（德宗后）——（4）承天后耶律普速完（仁宗妹）

（5）末主耶律直鲁古

金世系表

（1115—1234）

［金先世］始祖函普——德帝乌鲁——安帝跋海——献祖绥可

—昭祖石鲁—景祖乌古迺

—世祖劾里钵——康宗乌雅束

—肃宗颇剌淑——［金］（1）太祖完颜旻（阿骨打）

（1115—1123）

—穆宗盈歌——（2）太宗完颜晟（吴乞买）

（1123—1135）

—绳果完颜宗峻——（3）熙宗完颜亶

（1135—1149）

—辽王完颜宗干——（4）海陵王完颜亮

（1149—1161）

—（讹里朵完颜宗辅）——（5）世宗完颜雍

（1161—1189）

—（宣孝太子完颜允恭）——（6）章宗完颜璟

（1190—1208）

—（7）卫绍王完颜永济

（1209—1213）

——（8）宣宗完颜珣——（9）哀宗完颜守绪

（1213—1223）（1224—1234）

—（10）末帝完颜承麟

西夏世系表

（1038—1227）

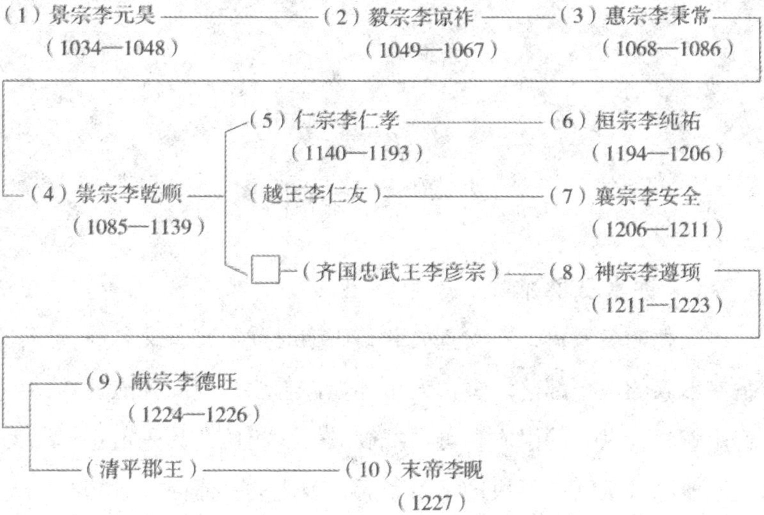

元

（1206—1368）

1. 铁木真称雄

元朝初名蒙古，在女真之北，唐朝时称蒙兀，又名蒙骨斯，是室韦族的一个部落。蒙古人生性强悍善战，夜间犹能视物，穿着用鲛鱼皮做成的甲衣，可以抵御流矢。相传，其先祖叫孛端叉儿，他的母亲阿兰果火产下二子后，因丈夫丧命而寡居。有一天夜里，阿兰寝睡帐中，梦见一束白光自天窗入帐，化为金色神人来到她的卧榻前。阿兰惊醒后，遂有孕生子孛端叉儿。孛端叉儿状貌奇异，沉默寡语，人们戏称为“痴皇帝”。

孛端叉儿死后，十传至也速该，经过吞并周围诸部落，势力日渐盛大。一次，也速该攻打塔塔儿部，并俘获了塔塔儿首领铁木真。获胜归来，恰巧其妻诃额仑降生长子，于是便以铁木真命名。也速该被塔塔儿人毒死后，年甫九岁的铁木真历经忧患，终于以善扶部众，深沉有谋，用兵如神而成为一名强有力的乞颜氏首领。当时的泰赤乌贵族虽然地广民稠，但是内部各支互争尊

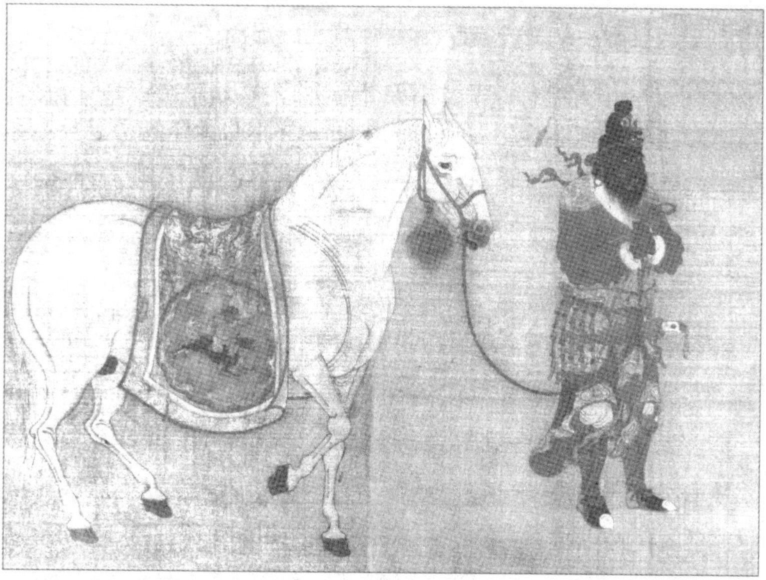

韩幹《胡人呈马图》（局部）

长，以强凌弱，其属部照烈氏等纷纷率部归附铁木真。不久，塔塔儿部背叛金朝，金遣丞相完颜襄统兵征讨。铁木真闻讯，发兵自斡难河迎击塔塔儿北逃人马，并捕杀了其首领。铁木真因此被金朝授予“招讨”大权。

鉴于乃蛮部的强盛，铁木真对其恭谨从事，可是，乃蛮部却恃强肆行侵掠。铁木真与乃蛮部众鏖战于纳忽昏山，大获全胜，诸部慕名投归，从而奠定了他称雄漠北的局面。于是，就在宋宁宗开禧二年（1206），也即是金章宗泰和六年的春天，铁木真号召诸部在斡难河源头举行大会，高树起九脚白旄（máo）旗，登上大汗宝座，群臣上尊号为“成吉思汗”。从此，成吉思汗统率蒙古大军征西域，灭西夏，所向披靡，举世震惊。

2. 蒙古“四杰”

起先，金朝皇帝派遣卫绍王完颜永济前往净州接受成吉思汗的岁贡，成吉思汗见他懦弱无能，对他颇为冷漠少礼。完颜永济怀恨归朝后，曾请求出兵蒙古除掉成吉思汗。金章宗完颜璟死，完颜永济嗣登皇位，成吉思汗遂决意与金断交，并兴师伐金。几番南攻，金兵屡败，丧权失地，惨不忍闻。成吉思汗每次出征作战，多以雄勇善谋的木华黎和忠勇善战的博尔术、博尔忽、赤老温为将帅，人称“四杰”。然中原战事，木华黎位居首功。

宋理宗宝庆二年（1227）七月，成吉思汗亲征西夏，翌年七月病死于军中，享年六十六岁。他临终前，还向少子拖雷和左右诸将嘱咐灭金方略：“金国精兵在潼关，而潼关南据连山，北靠大河，难以快速破关。宋、金世代为仇，如能假道南宋，必定不会拒绝。那时即出兵唐、邓二州，直捣开封。金军告急，必由潼关征兵救助。潼关数十万兵千里赶援，人疲马乏，即能赶来也不能作战。这样，攻破开封是料中之事。”说完，成吉思汗便命归黄泉。元朝正式立国后，追尊成吉思汗为元太祖。

成吉思汗死后，由四子拖雷监国。第二年，成吉思汗的第二子窝阔台从霍博赶来奔丧，耶律楚材以成吉思汗遗诏召诸王百官集会，由窝阔台正式继承汗位，史称元太宗。窝阔台宽宏大量，信任贤臣；耶律楚材审时度势，戮力辅政。一时间，国家殷实富足，百姓安居乐业，商贾旅人，畅行无忧，堪称治平之世。约宋灭金后，蒙古国势更加昌盛强大。窝阔台在位十三年病死，遗命其孙失列门为汗位继承人。第六妻乃马真氏违抗遗诏，亲自临朝听政，擢升奥都剌合蛮为相国，耶律楚材劝请乃马真氏遵守遗诏还政，乃马真氏拒不服从，无论大小政务，任由宠臣奥都剌合蛮专权裁决。耶律楚材郁闷不乐，常常称疾不朝，三年后，忧愤而死。

乃马真氏临朝四年，为形势所迫，才召集诸王大臣开库里尔泰会，立太宗长子贵由为大汗，他就是元定宗。贵由为乃马真氏所生，虽即汗位，而朝廷政事仍由母后把持。乃马真氏病死后，贵由将奥都剌合蛮处死。贵由在位三年去世，后追谥为简平皇帝。这一年，国内大旱，河水涸竭，野草自焚，民不聊生。诸王及各部又派员四出征求财货宝物，络绎不绝，致使百姓困苦不堪。贵由死后，皇后斡兀立海迷失又自抱太宗之孙、曲出之子失列门临朝听政三年。朝廷久不立嗣，诸王大臣不服。于是，诸王拔都、末哥及大将兀良合台等人共拥戴拖雷长子蒙哥即位，他就是元宪宗。蒙哥即位后，追尊其父拖雷为睿宗。失列门对蒙哥为汗心怀不平，蒙哥趁机将其差官等诛杀，从此朝廷局势得以安定。

3. 忽必烈立国

自窝阔台执政以来，群臣擅权专横，政出多门。蒙哥即位后，所有诏令他亲自起草，罢免不必要的赋役，严明军纪以安民心，因而朝政渐趋统一。蒙哥命令其弟忽必烈主管漠南汉地民户军事，领开府金莲川。忽必烈派遣赵璧召来苏门隐士姚枢，姚枢见忽必烈精明干练，大有可为，于是上书数千言，从此两人相处融洽，姚枢成为忽必烈的左右重臣。姚枢举荐任用杨惟中、史天泽等人，倡行屯田积谷，练兵守险，国家日益富强。忽必烈又召用畏吾儿部人廉希宪为京兆宣抚使，廉氏能够抑强扶弱，体恤民艰，治境安定。忽必烈召见僧人海云禅师，海云邀刘秉忠一道前来。忽必烈初次面见刘秉忠，刘秉忠应对称旨，屡承顾问，通论天下大事，了如指掌，博得忽必烈的喜爱与信赖。凡有谋议征伐的军国大事，都向刘秉忠咨询讨教。

蒙哥即位九年时，发兵大举南侵。蒙哥让忽必烈进攻江南路，他自己引兵由西蜀南犯。蒙哥在督兵围攻川东合州时，

元世祖忽必烈画像

中箭身亡于合州城下，蒙古诸王大臣遂解合州之围北归。进围鄂州的忽必烈得知蒙哥死讯，正想率兵还去，恰在这时，南宋右丞相兼枢密使贾似道遣使请求称臣纳币，忽必烈遂拔营班师。贾似道乘机遣兵追杀了一些落在蒙军队伍后面的士兵，伪称战胜北军以向宋廷请功。忽必烈回来后继承汗位，他就是历史上的元世祖，尊谥为圣德神功文武皇帝，改国号为元，时公元一二七一年。忽必烈遣伯颜率领二十万大军南下灭宋，从而统一了中国。随后，元朝又征服了高丽、交趾、南诏、占城等国，使元朝疆域超过了历史诸朝。唯有日本、爪哇、八百媳妇等始终没有攻克。

元世祖忽必烈仁明英武，功勋卓著，连年征伐，统一中国。元世祖在位期间，任用许衡、姚枢、刘秉忠、史天泽等文臣运筹朝廷，任用伯颜、阿里海涯、张宏范、董天炳等武将攻城略地，各展才能，制礼作乐，规模宏远，民康物阜，致治之盛，古今罕见。遗憾的是，他把天下人分为十等，并有七匠、八娼、九儒、十丐的名目。又放纵西僧杨琏真珈发掘宋朝陵寝及大臣坟墓一百余处，听任其到处奸淫妇女。平章政事阿合马专权恣横，病国害民，而元世祖宠信有加，不治其罪，于是朝野怨愤沸腾。千户官王著令部下冒充太子，击杀阿合马。元世祖把王著处以极刑后，才开始觉悟阿合马欺君害民罪状，对其剖棺戮尸，籍没家财，并诛杀其作恶多端的子侄。又有相臣桑哥，祸朝乱政，诬杀谏臣，听任其贪赃枉法达四年之久，后来由于奉御官彻里屡次上书极言桑哥奸赃罪行，才被籍没家产，他拥有的财宝竟占朝廷内府的半数。诸王、公主、驸马、部曲等恣意扰害百姓、奸淫妇女。忽必烈本人也广选民间美女入宫，除自己留用外，还让臣下采择纳配，民怨载道。同时，规定在新年元宵这一天，不禁奸淫，以致军民相率互换妻室饮酒作乐，至于弟收兄妻，子承父妾，沿习成风，恬不为怪。另外，忽必烈执政颇无男女之别，这大概是蒙古习俗所使然，而无法更改吧。

忽必烈即位初年，从海道运粮，多被风浪飘没失踪。至元二十八年（1291），郭守敬倡议开凿自大都至通州的通惠河，使南北运河贯通，从此，运往大都的粮食由海道改为河道。

过去，孔子的嫡系宗支随从南宋定都临安府而渡江南迁，此时故宋衍圣公孔洙寓居浙江衢州。有人说孔洙为孔子嫡孙，忽必烈召他北赴宫阙，而孔洙只回迁到曲阜故地。忽必烈称赞说："孔洙宁肯舍弃荣贵不违背宗亲，真不愧是孔圣后裔。"于是授封孔洙为国子祭酒。

忽必烈起初纳弘吉剌氏为妃。弘吉剌氏贤惠练达，对忽必烈时常有所规劝辅佐。弘吉剌氏病死后，忽必烈又立其妹弘吉剌氏为后。因忽必烈年事已高，弘吉剌氏参预朝政大事。忽必烈在位十九年时灭掉南宋，统一全国，此后又执政十六年，前后在位三十五年，享年八十岁，至元三十一年（1294）正月二十二日病逝于紫檀殿。

4. 元纵西僧

皇太子真金仁孝恭俭，优礼大臣，喜好读书，颇有贤德，早年病死。其三子铁木耳正在和林抚军，闻知世祖死讯，匆忙自军中还朝奔丧。诸王宗亲、文武百官议奉皇孙继嗣皇帝，铁木耳遂在上都即位，他就是元成宗。铁木耳追尊其父真金为元裕宗。元成宗承继世祖遗志，垂拱而治，可谓善于守成的君主。只是晚年常常卧病不理朝政，国家政事内则专决于后妃，外则委付于大臣，致使动乱时起时伏。元成宗在位十三年病死，谥为钦明广孝皇帝。因皇太子德寿早死，安西王阿难答与左丞相阿忽台等密谋，推举铁木耳后伯岳吾氏垂帘称制，安西王阿难答辅政。

右丞相哈剌哈孙佯装有病，暗中收拾百司符印，封储府库，亲自守宿掖门，提防不测。连夜派遣使臣到怀州，向爱育黎拔力八达报告说："怀宁王远在千里，不能马上赶至，阿难答等人阴谋篡权，事不宜迟，请你火速入宫筹划大计。"爱育黎拔力八达征得太后的同意，率领卫士入宫，诛杀左丞相阿忽台，擒拿安西王阿难答，囚禁伯岳吾后。随后，派人到北边迎接其兄怀宁王返都即位。怀宁王海山是元世祖太子真金的孙子，他从北边赶至上都后，废掉皇后伯岳吾氏，出居东安州，又将安西王阿难答等一并赐死。大德十一年（1307）五月二十一日，海山在上都正式即位，史称元武宗。同日，追尊其父答剌麻八剌为元顺宗，尊母弘吉剌氏为皇太后。六月，诏立母弟爱育黎拔力八达为储君。

元武宗初年，颇想创治改法，有所作为，因而封爵太盛，授官众多，行赏逾制，政失之宽。这样，造成百姓生计维艰，盗贼蜂起。有西番僧人欺行霸市，强购民柴。卖柴人向上都留守李璧告状，李璧方才坐堂审问原委，那西番僧人已率僧徒手持棍棒闯入公府，不分青红皂白，隔案揪住李璧的头发，摔地撕打，直至头开目肿，拽归禁闭空室数日，才得放归。李璧气愤填膺，驰至燕都奏报武宗。元武宗命卫士逮西僧下狱，事隔两日，竟又赦免西僧。不久，僧徒龚柯等与诸王合儿八剌妃争道抢行，将王妃拉坠车下，拳打足踢，并且出言不逊，轻蔑皇帝。王妃诉状，也置而不问。

西僧之所以势焰嚣张，都是元朝倚重佛教，纵僧害民的恶果。不惟如此，有些西僧甚至公然与后妃、公主和大臣妻女交欢，美其名曰“舍身大布施。”更有西僧四出投宿民舍，迫逐男子，奸污妇女，往返无度。此外，西僧时常假作佛事为名，容纳杀人越货的罪犯，举凡奴仆杀主，妻妾害夫之人，都可以向僧人寻求庇护，以获赦免。富民则多用钱财买通僧寺，欺压贫民，侵占民田，强奸民妇，无所控诉。因为罪犯入寺抱持佛脚或剃度为僧，即可免罪不咎，所以全国佛寺以数十百万计，僧众有亿万之多。加上官无常俸，取给于公田，而实无公田可取，全部摊派到百姓小民。所以凶恶横行，良善坐毙，积贫积弱，以致武宗执政直至元朝灭亡，各地英雄并起，农民暴动如火如荼。

元武宗在位五年死，其弟爱育黎拔力八达即位，他就是元仁宗。元仁宗即位后，对殃民误国的丞相脱虎脱等人依罪正法，对其党羽尽行罢黜。元仁宗天性慈孝，恭俭过人，兴儒尊道，纳贤斥佞，勤于政事，爱养民力，恪守元世祖一代成宪制度，确实称得上元朝盛德守文的贤君。元仁宗在位十年而终，死时三十六岁，群臣上谥为圣文钦孝皇帝。

5. 英宗被弑

元仁宗死后，其子硕德八剌即位，他就是元英宗。英宗天性至孝，仁宗有疾，他焚香祈告，泣愿上天罚殛（jí）己身，使父皇永为民主。英宗即位后，在大安阁见到太祖、世祖遗留下来的衣物，全是缣素木棉做成，并且重加补缀，不禁磋叹良久，他对侍臣说："大元祖宗创业艰难，如此节俭，我怎敢不时刻牢记在心呢！"因此，英宗朝用法果断，奸党必诛。英宗初用铁木迭儿为相，铁木迭儿怀私固宠，广植爪牙，乘间肆毒，陷害忠良。元英宗察知铁木迭儿奸恶不仁，起用拜住为相，逮杀黑驴、失列门、哈克徹、脱忒哈和亦列失八等乱臣贼子。拜住戮力辅政，知情必奏。铁木迭儿死后，罪恶昭彰，英宗下诏追夺其官爵，又令卫士查抄其价值累万的家财。御史大夫铁失等遗党人人自危，心不自安，密谋生叛。

至治三年（1323）八月，元英宗自上都南还，暂住南坡。这天夜里，铁失伙同知枢密院事也先帖木儿、诸王按梯不花等谋逆，铁失密命阿速卫兵守住行幄，作为外应，他亲自率领奸党赤斤铁木儿持刀入内，砍杀拜住和英宗于卧榻。铁失遂推按梯不花、也先帖木儿为相，北迎裕宗真金之孙、英宗之叔晋王也孙铁木儿即位。也孙铁木儿于同年九月在龙居河旁架起黄幄，接受御

密谋

宝，正式即皇帝位，他就是元泰定帝。

泰定帝即位三年后，将也先帖木儿、赤斤铁木儿、铁失等人诛杀于燕都，并戮及子孙，籍没家资；诸王按梯不花等被流放到海岛。泰定帝施政遵守祖宗成法，天下太平无事，号称治世。泰定帝在位五年死于上都，太子阿速吉八嗣位。丞相倒剌沙以太子年幼，擅权自恣，独断专行。

6. 幼主失踪

当初，武宗传帝位于弟仁宗，约定依次传武宗长子和世㻋。然而，仁宗即位后，丞相铁木迭儿想固宠专权，便立仁宗子英宗硕德八剌。他又与太后幸臣失列门共谋诬陷武宗长子，和世㻋被封为周王出镇云南。和世㻋行至金山时，西北诸王闻讯率众来附，因而留居北部。等到泰定帝死于上都，皇后弘吉剌氏和皇太子遣使到燕都，命平章政事乌都伯剌收掌百司印章，宣谕安抚百姓。这时，留守燕都的签书枢密院事燕帖木儿先发制人，乘乌都伯剌召集百官令缴印章之机，率人带刀闯入，厉声命令说："武宗皇帝有两个儿子，孝友仁文，名声远播，今日正统应归还武宗嗣子，敢有再紊乱邦纪不从迎立者，例当处斩！"因为周王和世㻋远在沙漠，难以立即赶至，于是遣人乘着快骑到江陵迎接周王弟怀王图帖睦尔。怀王至燕都后，再三辞让说："大兄在此，我不能越次僭位，以长以德，才能威服天下。"燕帖木儿说："大王让德，卓越古今，只是时值人心向背之机，刻不容缓，一旦坐失良机，后悔莫及！"

怀王说："万不得已，应当明告中外，然后再行即位。"怀王图帖睦尔遂入宫即位，改元天历，布告天下摄位代政之意。拥立泰定帝子阿速吉八为帝的倒剌沙遣兵分道攻打燕都，燕帖木儿率领数万大军出居庸关迎战，大败南下元兵。随后，燕帖木儿命令齐王月鲁帖木儿、元帅不花帖木儿率兵进围上都，梁王王禅缒城逃跑，倒剌沙无奈开城奉玺出降，幼主阿速吉八不知所终。泰定帝后后来成了丞相燕帖木儿的夫人。

怀王遣使到漠北迎立其兄和世㻋，周王和世㻋还至和宁之北，设帝幄即位，他就是元明宗。明宗又遣使至燕都册立其弟怀王图帖睦尔为皇储。图帖睦尔自燕都出发，向北迎明宗。

元泰定五年（1328）九月十八日，朱元璋降生。

7. 燕帖木儿逆行

明宗在位仅半年，太白星经行天际。天历二年（1329）八月初六日，明帝驻跸于旺地，忽察都、图帖睦尔入见，明宗格外欢慰，在行殿中大宴图帖睦尔和诸王大臣。这天夜里，明宗和世㻋暴亡。图帖睦尔在上都正式即位，他就是元文宗。明宗后八不沙被谗赐死。文宗在位五年死，丞相燕帖木儿请立文宗子燕帖古思，文宗后卜答失里弘吉剌氏以文宗遗命，传位于明宗嫡子懿磷质班，他就是元宁宗。宁宗时方七岁，百司政务全由皇后决断。宁宗在位二月而死，燕帖木儿再次请立文宗子燕帖古思为帝，文宗后说："我儿尚幼，明宗庶长子妥欢帖睦尔现在广西，已经十三岁，循礼应当立为帝。"于是，派人到广西静江迎接妥欢帖睦尔入宫称帝，他就是元顺帝。文宗后宣称：“在妥欢帖睦尔之后，再传位于燕帖古思。”

有人认为，顺帝明为明宗庶长子，其实是南宋恭帝瀛国公赵显的儿子。赵显在北方为僧时，与娼妇罕禄鲁氏名叫迈来迪的亲善而生子。后来，明宗在漠北见到迈来迪美艳，遂载归为妃，并以迈来迪子视为己子，即是顺帝妥欢帖睦尔。元朝诸帝都不很失德，只是无限制地宠信僧人而已。可是到了顺帝，荒淫无道，终于葬送了元朝。

宁宗死后，丞相燕帖木儿议立文宗子燕帖古思，文宗皇后卜答失里弘吉剌氏却迎立顺帝妥欢帖睦尔。这时，妥欢帖睦尔远在广西静江，承相燕帖木儿初次见到他，与他并马徐行，并且陈说迎立之意。妥欢帖睦尔因为年幼而畏避不语，燕帖木儿心存疑虑，所以返回京都后，迟迟不愿拥立妥欢帖睦尔为帝，而朝政大权由燕帖木儿独揽。燕帖木儿酷爱女色，美女充斥后房，并强夺他人美妇，淫乐三日再归还。由于燕帖木儿宣淫无度，对善淫者奖赏，对不善淫者鞭挞，以致众妇聚淫，燕帖木儿竟体羸溺血而死。

8. 伯颜专权

燕帖木儿死后，文宗皇后与诸大臣迎立顺帝，顺帝命伯颜为右丞相，燕帖木儿之弟撒敦为左丞相。撒敦死后，由其子唐其势代为左丞相，唐其势之妹是顺帝皇后。右丞相伯颜专权用事，骄恣凌人，唐其势怨望不愤，阴谋另立亲信。事情败露后，伯颜率兵入宫追捕唐其势与其弟塔剌海。塔剌海吓得躲藏在皇后座位底下，皇后用衣裙蔽护，还是被拽出斩杀，鲜血溅满皇后衣裙。伯颜又让人捉拿皇后，皇后向顺帝呼救，顺帝说：“你的兄弟阴谋叛逆，我怎么能相救呢！”于是，皇后被牵拉出宫，杀害于开平民舍中。顺帝又封伯颜为秦王，受封当天，秦州发生山崩地裂。

伯颜杀灭唐其势及其弟、妹之后，更加恣肆无恐，独秉国钧，虐国害民，顺帝敢怒而不敢言。伯颜的倒行逆施，引起其侄金紫光禄大夫脱脱的忧虑，脱脱暗中向其父马札尔台禀报说：“伯父骄纵日甚，万一天子震怒起来，那时我们全家都要遭受诛戮之祸，何不事先预防患难的发生呢？”马札尔台也以为然，可是犹疑不决。脱脱又向他的启蒙老师吴直方请教，吴直方慨然答道：“《左传·隐公四年》有言‘大义灭亲’，大丈夫只知道忠君谋国，你还有什么可顾虑呢!”脱脱辞归老师，寻机向顺帝表白忠君决心。顺帝遂与脱脱定计谋杀伯颜。伯颜催请顺帝到柳林打猎，顺帝借机命太子燕帖古思代行。伯颜企图挟制太子废掉顺帝，便欣然同意。伯颜随太子赴柳林后，脱脱命令各亲信宿卫兵布列城下，另遣都指挥月可察儿率三十骑到柳林秘密召还太子。深夜侍奉顺帝居玉德殿，草诏历数伯颜罪状，派平章政事只儿瓦歹带诏赴柳林，伯颜闻听宣诏被贬为河南行省左丞相，气急败坏地驱马奔回都门，脱脱踞坐城上，不放他进城，伯颜要求亲自向顺帝辞行，脱脱严词拒绝。伯颜无可奈何，狼狈南下，途中又接到朝廷传旨，命令把伯颜安置在南恩州阳春县。行至江西隆兴驿，伯颜连病带气而死。

9. 昏政兆祸

至元六年（1340）六月，顺帝以明宗被文宗陷害致死为由，下诏撤去文宗庙主，把文宗皇后卜答失里徙至东安州，不久死去；又流放太子燕帖古思于高丽，途中遇害。顺帝任命脱脱为右丞相，掌管军国要事。脱脱全部更改伯颜旧政，恢复科举取士，昭雪冤诬，与民休养生息，中外统一和谐，称为贤相。可惜，顺帝生性优柔寡断，法度废弛，政治日非，天灾异祸层出不穷。

譬如，在汴京，天上下起血雨，穿的衣裳都染成红色；又下绿毛线雨，有民谣唱道："天雨线，民起怨，中原地，事必变。"湖广、河南等地大旱，三个月未曾下雨。同年八月，太白星白天显现；京城又发生地震，鸡鸣山崩陷为池，方圆百里，人畜死亡不计其数。浙江从春季直至八月份，干旱不雨，百姓饥困无食。又有星孛于王良，没于贯孛。彗星出现在东北天际达六十四日，自昴星至房星，历经十五宿星才消失。上都下起冰雹，大如拳头，形状像小儿、狮子、大象、乌龟、环形玉器等；汀州大水成灾，平地水深三丈，淹没民舍房屋八百余家；常州山洪暴发，水势高一丈，冲坏百姓房舍；漳德有西北赤风，形如斧子，削之有屑，击之有声；饶州、信州等路黍谷随雨而下，百姓取拾充饥；陕西地震，连续一百余日不止；会州公署围墙断裂，发现弓弩五百余张，长的一丈有余，短的八九尺，人力不能搬动；霍山崩陷，三日前山如雷鸣，禽兽惊散，陨石堆积数里；大都晴空万里，未有积云，而雷声轰鸣；汴梁城东的汴河，暑日结冰，呈现五色花草纹；有流星自西北而来，至州二十里落下；有星大如月，入北斗，震声如雷；还有二颗行星陨落在耀州，化石如平常所画的布袋和尚。

京师民饥，有的父子相食。又有陨石落棣州，呈黑色，其中有微小的金星，先有声起，白天伸手不见五指。枣阳张氏，生一男孩，刚一周岁，就长到四尺多高，容貌异常，大腹臃肿，见人嬉笑。湖广还有雨加黑雪，从天而降；陕西有一山，向西飞移十五里，山的旧地变成一片深潭。有两日相荡，又日傍有一星一月。彰德有李树结的果实如黄瓜。此前有童谣唱道："李生黄瓜，民皆无家。"大名有星如火，向东南流逝，坠地有声，火焰蓬勃，过了很长时间才熄灭，观其化石，青黑光莹，形状如狗头。朝廷下令将其收藏，司天监上奏说是天狗星陨落。有龙在乐清江相斗，飓风大作，飓风所到之处，有火光如球，百姓死伤万余人。大都白天大雾。静江路山崩地陷，大水横溢。大同路夜间黑气蔽天，西方声如奔雷，东北方有云如火，相互交射中天，遍地全是火光，空中有兵戈撞击的声响。山东、河东、河南、关中等处发生蝗灾，蝗虫铺天盖地，阻塞道路，人马难以行走，百姓饥苦不堪，以至发生人吃人之事。彗星出现于危、室，光芒长一丈有余，呈青白色，行过太阳，只有星而无光芒，行至昴宿，长达三十四日才熄灭。又有长星出现四十余日，形状如练，长数十丈，在北方虚宿、危宿之间。山东有赤气千里；大都下雨如牦，长一尺有余。绍兴卧龙山崩裂；绛州天鼓轰鸣，犹如两军在空中战斗。皇太子寝殿后面新砌的砖井中涌出一条龙，光焰烁人，吓得宫中人等趴在地上请求饶命。……尽管如此，顺帝仍不思反躬修德，反而骄奢淫逸，不理朝政。再加上连年水旱虫灾，百姓愁苦，毫无生路，便纷纷揭竿而起。

10. 官逼民反

其时，饥民加上强盗，聚结于运河沿岸，抢劫商船三百艘；又有人将用金粉饰的太庙神主也偷走了，沿河剽掠，更为厉害。地方官无法禁止，也搜捕不到人。广东朱光卿率领民众举行武装起义，自称大金皇帝，不久失败。

至正八年（1348），台州黄岩县佃农方国珍起义。方国珍世代以贩盐为业，怨家陈氏向官府讼告他与海盗勾结，方国珍愤怒至极，杀死陈氏和前来捉拿的捕吏，便和兄方国璋、弟方国瑛、方国珉等六人驾舟下海，聚众数千人起义。顺帝命令浙江参政朵儿只班前去征讨，方国珍正要焚舟出逃，可元兵自相惊溃，朵儿只班反被方国珍擒获。方国珍胁迫朵儿只班奏闻元廷，表示愿意接受招降，朝廷赦免其罪，下诏授予方国珍为定海尉。方国珍嫌官卑禄微，不肯受命赴任。方国珍以大海为据点，很快攻取了台州、温州、庆元。后来，方国珍占据浙东二十余年，时而降服元朝，时而保持独立，势力强大，天下百姓群起仿效，元政府曾授官太尉，封衢国公，后为朱元璋讨降。

黄河多次决口，丞相脱脱召集群臣商讨对策，众说纷纭，莫衷一是，唯独新任都水监的工部郎中贾鲁力排众议，倡议堵塞北河，疏通南河，使黄河复归故道入海，必须大兴工役，才能杜绝黄河决口泛滥。于是，脱脱委派工部尚书成遵和大司农秃鲁等视察黄河。成遵等沿河勘查归来，认为河流故道难以恢复，并说："山东连年荒歉，民不聊生，若聚众二十万在这里，恐怕他日生变。"脱脱不予理睬，特授贾鲁为工部尚书，充总治河防使，征调黄河南北民工十五万和驻军二万，兴工治理黄河。至正十一年（1315）十一月，黄河诸埽（sào）堤竣工，河复故道入海。

11. "红巾军"

河工告竣，兵变迭兴。在至正十年（1350），河南、河北到处流传着一首童谣："石人一只眼，挑动黄河天下反。"到贾鲁治河时，果然在开凿黄陵冈的地下掘出一个生有一只眼睛的石人。于是，颍州人刘福通乘机鼓动民众起义。栾城人韩山童，其祖父信奉白莲教，谪徙永年后，韩山童继续在河南、江淮一带宣传教义，并倡言："天下大乱，弥勒佛出世。"刘福通等又宣称韩山童是宋徽宗的八世裔孙，将重新做中国皇帝。并聚众三千多人宰杀白马黑牛，誓告天地，准备以红巾为号宣布起义。不料事机不密，地方官派兵搜捕，韩山童不幸被俘，韩山童妻杨氏及其子韩林儿潜逃到武安。刘福通逃至颍州正式起义，至正十一年五月，刘福通率兵攻克了颍州，乘胜攻破牛皋、罗山、真阳、舞阳、叶县等地。至九月，连陷汝宁府及光州、息州，队伍壮大到十万人。至正十五年（1355）二月，刘福通等迎立韩林儿为皇帝，又号小明王，建都亳州，建国号为宋，改年号为龙凤。随后，刘福通部将毛贵进破齐南路，元河南行省董抟霄被杀，同一天，其弟董昂霄在淮南也被义军击杀。至正十八年（1358）五月，刘福通攻下汴梁，定为国都。又有部将关先生攻打保定路失利后，跨过太行山，火烧上党，连破辽、晋、冀、云中、雁门、代郡，又攻大同，破上都，焚元宫，转战数千里，奏凯而归。

红巾军把元朝廷搅得晕头转向，于是起用沈丘人察罕帖木儿和罗山人李思齐共同征讨红巾军。红巾军将领李武、崔德率军西上攻破商州、武关，直趋长安，又分兵进取同州、华州诸地。元豫王惊惧大恐，御史王思诚献计向察罕帖木儿求救。察罕帖木儿得到豫王的求救书，便与李思齐率领五千人马赴援，从而镇压了红巾西路军。元朝廷论功行赏，任命察罕帖木儿、李思齐镇守陕西。至正十九年（1359），察罕帖木儿统帅秦晋大军攻破汴梁，刘福通和韩林儿退往安丰。至正二十二年（1362），察罕帖木儿进兵攻破山东全境。察罕进围益都城（青州府），红巾将领田丰、王士诚佯装出城投降，田丰在请察罕视察营垒时，王士诚乘机刺死了察罕帖木儿。田丰、王士诚入城固守。顺帝追封察罕帖木儿为忠襄王，并命其子扩廓帖木儿继任父职。扩廓帖木儿攻陷益都城后，挖取田丰、王士诚的心脏来祭祀亡父，其余红巾军将士全部被杀。

至正二十三年（1363），割据在苏州的张士诚派部将吕珍攻破安丰，杀害刘福通，称帝为王的韩林儿退往滁州，投奔了朱元璋。朱元璋的部将想拥戴韩林儿为帝，被刘基劝止。至正二十六年（1366），朱元璋派人迎韩林儿到南京，行至瓜步，韩林儿舟沉溺死。关先生领兵想再次攻打元上都，却被元将孛罗帖木儿击降。

12. 徐寿辉起义

与刘福通同时起兵的有蕲州罗田县人徐寿辉（又名真一）。徐寿辉布贩出身。至正十一年（1351）八月，徐寿辉与麻城人邹普胜和彭莹玉等利用白莲教组织农民起义，徐寿辉被拥立为帝，攻下蕲州、黄州、饶州等地后，以蕲州为都城，国号天完，年号治平。不久，攻陷汉阳、兴国、武昌诸郡。安陆知府丑驴战败被杀。在攻打江州时，总管李黼出战击退了义军，随之诸路守臣纷纷弃城而逃，李黼孤立无援，终于城破而死。徐寿辉军也以红巾为号召，在部将涂祐、彭莹玉等人的率领下，攻陷南康路及袁州、瑞州、岳州、房州、归州，直至攻占浙江杭州。

沔阳渔民陈友谅，本姓谢，其祖千一入赘于陈姓，遂从陈姓，父名陈普才。陈友谅自幼力大过人，精于武艺，曾做狱吏，后投从徐寿辉，为倪文俊簿书掾，不久，升为领兵元帅。倪文俊原本黄陂渔民，与徐寿辉共同起事。倪文俊在攻破沔阳、汉阳、襄阳、荆州、常德、衡州、沣州诸路后，至正十六年（1356）重建国都于汉阳，迎徐寿辉自蕲州迁至汉阳。倪文俊阴谋杀害徐寿辉，事情败露逃往黄州，陈友谅袭杀倪文俊，自称天完平章事，驻扎在江州。陈友谅攻陷安庆，元守将淮南行省余阙战死，乘胜进破龙兴（南昌府），江西诸路全部陷落。徐寿辉闻知陈友谅攻取龙兴，想迁都到龙兴，陈友谅忌恨不乐，设伏兵杀害徐寿辉的随从卫士，仅留徐寿辉一人，都居江州，事权旁落陈友谅。至正二十年（1360）五月，陈友谅废杀徐寿辉，自立为帝，国号汉，年号大义。徐寿辉共称帝十年遇害，而陈友谅称帝四年被朱元璋灭亡。

起初，随州人明玉珍，世代务农，身高八尺，双目重瞳，以信义威服乡党。徐寿辉起事后，明玉珍自青山率领乡兵投归徐寿辉，成为倪文俊的部将，镇守沔阳。至正十七（1357）年，明玉珍领兵西取重庆，攻破成都后，蜀川郡县纷纷降附。他听说陈友谅杀害徐寿辉自立，遂于至正二十三年（1363）在成都称帝，国号夏。明玉珍在位四年，传位于子明升。明洪武四年（1371），朱元璋派兵攻下四川，明升归降明朝，被封为归义侯。

13. 朱元璋雄起

与徐寿辉同时起兵反元的还有萧县人李二、彭早住、赵均用等八人，相约攻陷徐州及附近各州县。李二绰号芝麻李，也是利用烧香聚众起事的。

至正十二年（1352），濠州定远人郭子兴在濠州起义，自称元帅，攻陷濠州。元将彻里不花率兵前来意欲收复濠州，可是元兵惮惧不前，只在城外掳掠百姓，而向朝廷指称为叛民以邀功请赏。因此，百姓更加自危不安，纷纷入城投归郭子兴以自保。朱元璋在皇觉寺做和尚，为生计所迫，也参加了郭子兴的起义军。郭子兴见他状貌魁奇，留作亲兵。朱元璋每次随郭子兴出战，英勇陷阵，战无不胜，郭子兴满心欢喜，遂将养女马氏许配朱元璋为妻。

元丞相脱脱见天下大乱，请求亲自出兵南讨。脱脱在徐州击破芝麻李，打败赵均用、彭早住，顺帝遣人颁赏至军，加封脱脱为太师。脱脱班师还朝后，义军烽火益加炽烈。赵均用、彭早住被脱脱军打败后，自徐州投奔濠州，郭子兴以赵、彭所部暴横，委曲求全，反而被他们挟制。朱元璋见郭子兴自甘懦弱，便率领徐达、汤和等乡里壮士二十四人南游定远，夜袭横涧山，破义兵营，获得降众二万余人，进拔滁阳为据点。这时，郭子兴被彭、赵挟持到泗州屯守，朱元璋遣人贿赂买通彭、赵二人，迎郭子兴入滁，号称滁阳王。不久，彭早住病死，赵均用更加专横。后来，赵均用袭杀刘福通将领毛贵，朱元璋率兵自滁阳至益都，执杀赵均用。至正十五年（1355）郭子兴病死后，朱元璋掌握实权，接受韩林儿的封号，任左副元帅，军中文告都用小明王龙凤年号。

14. 张士诚兵败

至正十三年（1353），江苏泰州白驹场亭民张士诚据高邮起义。张士诚膂力过人，不苟言笑，轻财好施，与弟张士义、张士德、张士信等以操舟贩盐为生。张士诚为盐场牙侩，乡里富家视为贱役，动加侮弄，弓兵邱义窘辱张士诚尤甚。张士诚大怒，率领诸弟及壮士李伯升等人杀掉邱义和平时羞辱他的人，并纵火焚其家，遂召集盐丁攻陷泰州、兴化。张士诚占据高邮后，自称诚王，建国大周（不久改国号为吴），年号天祐。元淮南行省遣知府李齐招降张士诚，张士诚让李齐下跪拜见，李齐不屈而死。张士诚相继攻陷扬州、盱眙和泗州等地，元丞相脱脱将兵来攻，张士诚大败。

不久，脱脱因谗罢职，张士诚重新振作起来。张士诚率兵入据平江（苏州府），又分兵攻破湖州、松江、常州、杭州。至正十七年（1357），张士诚向元朝廷请降，元赐给他御酒、龙衣。张士诚向元京师海运大米十万石。张士诚占据北起济宁、南至绍兴的大片领土。至正二十三年（1363），张士诚再次自立为吴王。至正二十七年（1367），朱元璋率军攻破平江，执杀张士诚。这时，割据浙东温州、台州、庆元一带的方国珍，被迫向朱元璋请降。

此外，一时起兵逞强者达百余处，其兴灭始末不可胜记。各地官兵或淫掠妇女，或杀平民指为盗贼邀功。因而，南北暴动风起云涌，此起彼伏。

15. 荒淫工巧集一身

元丞相脱脱领兵在外，而顺帝却怠于政事，荒于游晏，召用哈麻为右丞相，因而宫中乌烟瘴气，不堪入目。哈麻和妹婿秃鲁帖木儿向顺帝引进西蕃僧人，演行房中运气术，又有西僧伽磷真入宫传授淫乐秘诀。元顺帝喜出望外，当即授职西蕃僧为司徒，伽磷真为国师，并各赐宫女三四人服侍，叫作“供养”。秃鲁帖木儿密奏顺帝说：“陛下虽贵为天子，富有四海，也只不过百年而已，我听说黄帝因御女成仙，彭祖因采阴致寿，陛下若熟习西僧秘术，广采女精，即可长生不死。”元顺帝言听计从，乐此不疲。元顺帝一面亲受西僧秘传，一面命令秃鲁帖木儿督率宦官广选良家美女入宫，演练种种秘术。元顺帝把宣淫密室称为“皆即兀该”，译成汉语是“事事无碍”的意思。后来更加恣意妄为，不论君臣上下，统聚一处淫戏，甚至男女裸体公然相对，淫声艳语达于户外。两西僧又召来僧徒与妃嫔、宫女公开交媾，毫无禁忌。西僧又令宫女十六人列成一队，头戴象牙佛冠，身披缨络大红销金长裙，云肩鹤袖，锦带凤鞋，手执乐器，边舞边敲，逸韵悠扬，美其名为“天魔舞”。

元顺帝在内苑建造龙舟，亲自制作样式，穷极奢华。建成的龙舟全长一百二十尺，宽二十尺，上有五殿，龙身和殿宇俱由五彩金装饰，二十四名水手全部穿着金紫衣服。龙舟自后宫至前宫山下海子内，往来游戏，舟行则龙首及口眼爪尾无不活动，栩栩如生。元顺帝又督制高达六七尺的宫漏，造木为匮，壶置匮中，运水上下，匮上设有西方三圣殿，匮腰是捧着刻筹的玉女，时至则浮水上升，左右站立两个金甲神人，一侧悬挂钟，一侧悬挂钲

（zhēng），夜间由神人自动按更击打，不差分毫。

16. 恶报不爽

脱脱率兵出征，连战大捷，进军高邮，分兵六合，张士诚蹙困孤城，无计可施。然而，正当脱脱一意征伐之时，元廷中的右丞相却指使监察御史袁赛因不花等起奏弹劾脱脱出师三个月，略无寸功，而倾国家财资为己所用，朝廷之官半数随从出征。顺帝只顾恣情酒色，不问是非曲直，就诏夺脱脱官爵，安置淮安。脱脱率领的元兵由知枢密院事雪雪等人代为统帅。脱脱当下召集将士告别，副使哈刺答挥泪说："丞相此行，我辈必死他人手中，今日宁肯死于相公面前，以报知遇之恩。"说完，即拔剑自刎而死。脱脱抚尸大哭，众将也不胜悲感，泣不成声。脱脱赶到淮安不久，哈麻又矫诏改徙云南。脱脱流离滇边，哈麻遣人递上密诏，特赐一樽鸩（zhèn）酒，脱脱一饮而尽，命归黄泉。从此，听任各路义军攻城略地，元守臣或死或降或逃，蒙古人建立的元朝江山倾覆在即。

元顺帝一味荒淫，昏聩如故，哈麻、雪雪兄弟操持国家权柄。一日，哈麻忽然觉得从前引西僧入宫是奇耻大辱。他对父亲图噜说："我们兄弟位居宰辅之职，应该引导皇帝步入正途，可如今妹婿秃鲁帖木儿在宫专意教唆顺帝淫亵，这样，天下吏民必定讥骂我不能劾佞除奸。而且顺帝日趋昏迷无知，难以治理国家。现在皇太子已经长大成人，聪明可爱，不如立为皇帝，奉顺帝为太上皇。"不料，这话被哈麻的妹妹转告了秃鲁帖木儿。秃鲁帖木儿暗想太子称帝，自己必招杀身之灾，于是谎报顺帝，哈麻认为陛下年老多病，应当传位皇太子。顺帝大惊失色，骂道：“我发未白，齿未落，怎么说我老呢？恐怕是哈麻别有异图。”于是，顺帝命削哈麻兄弟官职，哈麻流放惠州，雪雪谪戍肇州。在押解途中，两人被监押官活活杖死。

顺帝怠于政事，任命搠思监为右丞相，太平为左丞相，太子爱猷识理达腊监国。不久，太平称疾辞职。这时，阳翟王阿鲁辉帖木儿拥兵数十万，准备进犯京师，并遣使对顺帝说：“祖宗交付你的天下已经失掉大半，如果你把国玺交给我，我可以自立为帝。”顺帝回答说：“人生有命，富贵在天，你可以为所欲为。”顺帝命令知枢密院事秃坚帖木儿等领兵截击阳翟王，军士受挫溃散，秃坚帖木儿败退到上都，阿鲁辉帖木儿率兵进逼上都。太子对太平怀恨在心，于是故意请求顺帝起用太平为上都留守。恰巧，阿鲁辉帖木儿的部将脱骧是太平之子也先忽都的故将，他引兵缚住阿鲁辉帖木儿送到太平军前，太平不以己功自居，命令将阿鲁辉帖木儿绑赴阙下伏诛。太平幸得无事，顺帝想起复为丞相，太子却从中作梗，竟派人诬奏太平罪状，逼令自杀。

右丞相搠思监内媚奇皇后，外谄皇太子，他诬陷御史大夫老的沙和宣政院使也先忽都图谋不轨，搜捕同党，逮治入狱。搠思监和宦官朴不花同恶相济，趋附于皇太子，竟罗织罪名将也先忽都（太平之子）等人贬谪而死。老的沙逃匿大同镇帅孛罗帖木儿部下，顺帝下诏削夺孛罗帖木儿官爵，令他解甲归田。孛罗帖木儿拒不受命，遂派秃坚帖木儿率精兵驰入居庸关，皇太子率侍卫兵截击，行至古北口，卫兵逃散，太子向东退至兴松。秃坚帖木儿乘势直抵清河，京师官民震惊不已。顺帝只得遣国师达达请求秃坚帖木儿罢兵，秃坚帖木儿要求交出搠思监、朴不花二人。顺帝忍痛把搠思监、朴不花缚送秃坚帖木儿，双双被秃坚军士剁死。并诏复孛罗帖木儿官爵，加封太保，仍旧镇守大同。秃坚帖木儿引兵自建德门入京，顺帝于延春阁召见秃坚帖木儿，秃坚帖木儿伏哭请罪。顺帝慰劳备至，赐以御宴，并授予秃坚帖木儿为平章政事。秃坚帖木儿洋洋自得地驱军退还大同。

后来，孛罗帖木儿、老的沙、秃坚帖木儿再次率兵内犯，顺帝被迫授孛罗帖木儿为左丞相，老的沙为平章政事，秃坚帖木儿为御史大夫。不久，孛罗帖木儿升为右丞相，节制天下军马。孛罗帖木儿和老的沙整天酣饮沉迷，荒淫无度。顺帝密令威顺王子和尚暗中勾结勇士上都马、金那海、伯达儿等，潜伏宫门，召孛罗帖木儿入宫，伯达儿乘机跃出刺杀孛罗帖木儿。老的沙挈孛罗帖木儿老母和妻儿出都北逃，全部被伯达儿等追兵杀害。秃坚帖木儿引兵逃至八思儿地方，也为守兵所杀。顺帝遣使带着孛罗帖木儿的人头到冀宁召还太子。

17. 朱元璋灭元

再说朱元璋在滁阳王郭子兴病死后，亲自统帅大军渡江攻取金陵等地，日益强盛。朱元璋先行消灭陈友谅，继而执杀张士

朱元璋像

诚，于是命令大将徐达、副将常遇春挥师北定中原。

徐达等由淮入河，攻克沂州、峄山，进取益都路，元平章政事保保投降，宣慰使普颜不花、总管胡浚、知院张浚等战死。普颜不花之妻阿鲁真怀抱其子投井自尽，其女及妾也随溺而死。徐达军开至东平，连陷莱州、济宁，兖州以东各郡县相继投降，山东之地全部荡平。徐达军至河南，所向披靡，至德州，元兵望风奔溃，京都大震。

在通州，元五十八国公率敢死军一万余人出战南军，郭英设伏败敌。此时，京城元兵卑弱无备，顺帝闻报大惊，只得聚集三宫后妃及皇太子妃，准备避兵北行。左丞相失列门、知枢密院事黑厮、宦官赵伯颜不花等极力劝请顺帝固守京城，顺帝徘徊叹息说："今日岂能效法宋徽宗、宋钦宗被金人掳获呢！"于是，命淮王帖木儿不花、丞相庆童等留守京城。顺帝乘夜自健德门出居庸关向北逃奔。元顺帝在位三十六年。

洪武元年（1368）八月初二，明军进入元都，擒下淮王帖木儿不花、丞相庆童等斩杀，封存府库图籍档案，宫人、妃子等由宦寺监护待命。元朝从此灭亡。

元朝自宋宁宗开禧二年（1206）铁木真称汗，至元顺帝至正二十七年（1367），共十三主，历时一百六十二年；自元世祖至元十六年（1279）灭宋，至元顺帝至正二十七年，共九主，历时八十九年。

顺帝逃归蒙古高原两年后，在应昌病死。不久，明左将军李文忠等率军攻克应昌，俘获元皇孙买的里八剌和后妃、宫人、诸王、省院官，以及宋元玉玺、金宝等物，并降服兵民四五万人。唯有皇太子爱猷识理达腊率数十骑逃跑，因而元廷荡然无存。李文忠满载归来，明太祖朱元璋赐封买的里八剌为崇礼侯。

（以上系原书第三十四至三十五回）

元朝世系表

（1206—1368）

蒙古

（1）太祖孛儿只斤·铁木真（成吉思汗）（1206—1227）

（2）太宗孛儿只斤·窝阔台（1229—1241）

乃马真后（临朝称制）（听政）（1242—1245）

（3）定宗孛儿只斤·贵由（1246—1248）

斡兀立海迷失后（临朝称制）（听政）（1249—1250）

拖雷（监国）（1228）

（4）宪宗孛儿只斤·蒙哥（1251—1259）

元朝

（5）世祖孛儿只斤·忽必烈（1260—1294）——（裕宗真金）

显宗甘麻剌——（10）泰定帝孛儿只斤·也孙铁木儿（1324—1328）

（11）天顺帝孛儿只斤·阿速吉八（1328）

顺宗答剌麻八剌

（7）武宗孛儿只斤·海山（1308—1311）

（13）明宗孛儿只斤·和世㻋（1329）

（12）文宗孛儿只斤·图帖睦尔（1328—1332）

（15）顺帝孛儿只斤·妥懽帖睦尔（1333—1368）

（14）宁宗孛儿只斤·懿璘质班（1332）

（8）仁宗孛儿只斤·爱育黎拔力八达（1312—1320）

（9）英宗孛儿只斤·硕德八剌（1321—1323）

（6）成宗孛儿只斤·铁穆耳（1295—1307）